언택트 시대, 왜 그 강사만 강의 의뢰가 더 늘었을까

새로운 시장 진출에 필요한 온택트 강의법

언택트 시대,
왜 그 강사만
강의 의뢰가
더 늘었을까

izi 이지퍼블리싱

어쨌든 강의력이 핵심이다

나는 14년차 강사다. 사내 강사로 12년차가 됐을 때 강사를 꿈꾸는 이에게 도움이 되는 강사가 되고 싶다는 마음으로 『완벽한 강의의 법칙』을 썼다. 이후 나는 본격적으로 강사를 코칭하는 일을 하게 되었다. 사내 강사, 초보 강사들에게 "왜 이제야 강사님을 만났을까요"라는 말을 듣는, '강사들의 강사'가 된 것이다.

내가 코칭하는 사람들 중에는 강사가 되고 싶은 사람도 있지만 강의 요청을 받은 기업 대표, 재능을 나누기 위해 강연을 준비하는 분야 전문가도 있다. 강의를 한 번도 해본 적이 없어서 무엇부터 해야 할지 막막해하는 이들에게 도움이 되고 싶은 마음으로 코칭한다.

사실 누구나 살면서 발표력이 요구되는 상황을 맞닥뜨릴 수 있다. 회사원이라면 프레젠테이션이 그렇고, 학생이라면 발표수업 등이 있다. 처음 만나는 자리에서 빠지지 않는 '자기소개'도 어찌 보면 발표라 할 수 있다. 규칙적으로 연단에 서는 게 직업이 아니어도 어느 정도의 발표력은 삶의 무기가 될 수 있다. 강의력은 발표력에 정보나 지식 전달을 더한 것이다. 강의로 먹고사는 강사뿐 아니라 네트워크사업에 종사하는 사람, 전문지식을 상대에게 전달하는 사람 등은 더더욱 강의력이 필요할 것이다.

2020년 2월부터 현재 이 글을 쓰고 있는 9월까지도 잠잠해질 줄 모르는 코로나19 사태로 세상은 비대면 비접촉의 언택트 시대로 빠르게 전환되고 있다. 강의 시장에도 변화의 바람이 일고 있다. 강의 동영상을 촬영해 전달하거나 ZOOM과 같은 화상회의 애플리케이션으로 강의를 진행한다. 아무래도 비대면 강의는 대면 강의보다 청중의 집중도가 떨어질 수밖에 없다. 그러다 보니 강사의 강의력이 더욱 중요해졌다.

강사의 기본 중에 기본은 강의력이다. 이 책이 탄탄한 강의력을 다지고 언택트 시대에 걸맞은 '온택트 강사'가 되는 데 도움이 되리라 자신한다. 1장에서는 포스트 코로나 시대에 강사는 어떠해야 하는지를, 2장에서는 무대장악력을 갖추는 방법에 대해, 3장에서는 강사의 올바르고 적합한 태도에 대해, 4장에서는 강의력을 다지는 방법에 대해 다루었다. 부록으로 MBTI 성격유형검사지를 싣고 성향에 맞는 강의 준비 요령을 정리했다.

강의가 어떻게 완벽할 수 있느냐며 '완벽한'이라는 단어는 위험하다고 말할 수 있다. '완벽에 가까울 만큼 준비'해서, '어느 정도의 긴장감을 유지하며 강의를 진행'하라는 뜻에서 사용했다. 나는 청중의 귀한 시간을 빼앗지 않도록 강사 스스로 완벽해지도록 끊임없이 노력하고 있다. 강의 기획부터 준비, 진행, 피드백 반영 등 전 과정을 '이렇게 까지 해야 하나 싶을 정도'로 집중해야 한다고 생각한다. 부디 그런 태도와 마인드를 갖추고 그 못지않은 강의력을 갖추는 데 이 책이 함께하길 바란다.

김인희

/ 목차 /

〈1장〉

언택트 시대,

그 강사는 위기를 기회로 보았다

01

코로나 이후 강사의 미래는 암울하다?

2019년 12월 중국 우한에서 발생한 코로나 바이러스감염증(COVID-19)으로 2020년 봄, 전 세계가 멈췄다. 조금만 참으면 지나갈 줄 알았던 코로나19는 계절이 바뀌도록 끝나지 않고 있다. 국내는 물론 세계가 크게 흔들렸으며 그 여파가 환경, 경제, 사회, 의료 분야에서 어떤 형태로 찾아올지에 대해 여러 전문가가 예측을 내놓고 있다.

'곧 나아지겠지'라는 생각에 찬물을 끼얹듯 잠잠해지면 다시 오르는 확진자 수에 모두 지치고 예민해졌다. 코로나가 장기화되면서 어쩔 수 없이 구조조정을 선택한 대기업도 있다. 나 역시 2월에 잡힌 강의가 한 달씩 늦춰지길 반복하더니 결국 취소되고 말았다. 연달은 강의 취소, 전혀 잡히지 않는 강의 일정으로 상황이 좋지 않은 강사가 많다. 언제쯤 나아질까? 이대로 마냥 코로나19가 끝나기만을 넋 놓고 기다려야 할까?

온택트에서 실마리를 찾다

'사회적 거리 두기'로 모임을 자제하라고 정부에서 권하고 있는 상황에서 오프라인 강의가 예전처럼 활발해지리라고 기대하기는 어렵다. 코로나가 잠잠해지더라도 완전히 예전으로 돌아가는 데에는 상당한 시간이 걸릴 것 같다.

언택트는 접촉을 뜻하는 콘택트(contact)에 부정과 반대를 뜻하는 접두사 언(un)을 붙인 신조어로 비대면을 의미한다. 코로나19로 언택트 시대가 가속화되었다. 회사는 재택근무 체제로 근무 형태를 바꾸었고 학교는 개학을 늦추고 늦추다 2020년 새학기를 온라인 수업으로 대체했다. 강사라면 '온택트'에서 실마리를 찾아야 할 것이다. 온택트는 언택트에 온라인을 통한 외부와의 '연결(on)'을 더한 개념으로 온라인을 통해 대면하는 방식을 가리킨다. 오프라인 강의가 다시 열리기만을 믿고 있을 수만은 없다. 이제는 오프라인보다 온라인 강의 시대다.

세계 경제전문지 블룸버그 선정 세계 1위 미래학자 제이슨 쉥커(Jason Schenker)는 『코로나 이후의 세계』에서 "교육의 미래는 온라인이다. 오래전부터 미래 교육에 대해서는 그러리라 예측했다. 이 점에 대해서는 전문가로서 믿음이 있다. 앞으로도 그 믿음은 변함이 없을 것이다"라며 온라인 교육은 강력한 도구임을 인정하며 미래 교육의 대세라는 것을 재차 강조했다. 그러면서 "교육의 효과만 보장된다면 교육자는 좀 더 많은 사람을 도울 기회가 있는 온라인 교육을 현재의 오프라인 교육보다 더 큰 소명으로 생각할 수는 있으나 학습자의 수가 늘어나면 교육의 질이 떨어질 수도 있는 것이 결정적인 우려사항이다"라며 양질의 효과적인 교육이 불가능한지는 지켜볼 일이라고 했다.

위기를 기회로

오프라인 교육에서 온라인 교육의 비중이 높아지는 추세였는데 코로나19로 좀더 가속도가 붙었다. 사실 이미 ZOOM과 같은 화상회의 애플리케이션을 통해 생방송 강의를 진행하거나 동영상으로 강의를 촬영해 건네달라고 요청하는 기업들이 있다.

나 역시 몇 편의 동영상 강의를 촬영했는데, 청중과 눈을 마주치며 강의할 때보다 더 난이도가 높다는 것을 실감했다. 아무래도 온라인 강의는 오프라인 강의보다 수강생의 집중도가 떨어질 수밖에 없다. 이를 감안하여 집중도가 떨어지지 않도록 강의 내용에 신경 써야 한다. 게다가 강사가 강의력이 부족하거나 실수가 잦을 경우 오프라인 강의에서는 보강을 하거나 보완해서 무마할 수 있는데, 촬영을 하게 되면 그럴 수 없다. 혹여 말실수라도 하면 큰일이다. 그 영상은 어딘가에 남기 때문이다.

이제 온택트 시대다. 온라인 강의는 코로나19 사태로 아주 잠깐 있는 일이 아니다. 앞으로 온라인으로 청중을 만나는 일이 더욱 많아질 것이다. 오프라인 강의보다 더욱 탄탄한 강의 기획과 진행력은 물론 온라인 강의에 걸맞은 태도, 강의력, 공감력을 갖춰야 한다. 이것이 지금의 위기를 새로운 기회로 바꿀 수 있는 비법이다.

02
강의 잘하는 강사의 6가지 역할

나는 강사다. 2020년 현재로 강의한 지 14년째다. 그러다 보니 간혹 '강사가 되고 싶은데 어떻게 해야 하는지', '강의를 잘하려면 어떻게 해야 하는지'에 대한 질문을 받는다. 그럴 때마다 그동안 해온 강의를, 또 강사로서의 마음가짐을 되돌아본다. '어떻게 하면 강사가 될 수 있을까?', '어떻게 해야 강의를 잘하는 걸까?'라는 질문에 만족스런 답을 내놓고자 나는 책을 쓰기로 했다.

홀륭한 연기력으로 인정받는 배우들은 종종 이렇게 말한다. "제가 연기 인생 20년이지만 아직도 연기를 잘 모르겠습니다." 사실 나도 그렇다. "당신은 강의를 잘하는 강사입니까?"라고 누가 묻는다면 그렇다고 확답할 수 없다. 내 강의에 크게 만족해하는 청중이 있는가 하면 그다지 만족 못하고 돌아갔을 청중도 있다. 모든 청중을 만족시키기란 여간 어려운 일이 아니다.

강사는 앎을 나누는 사람이다. 나는 주변 사람들에게 입버릇처럼 "강사 하라"고 말할 만큼 강사라는 직업을 좋아한다. 이 세상에 강사가 많아져 서로 지식을 나누게 되면 사회가 더 풍요로워질 거라 생각한다.

그렇다면 어떤 사람이 강사가 될 수 있는 걸까? 먼저 강사의 의미와 역할을 알아야 한다. 의외로 주변의 베테랑 강사 중에는 강사의 의미와 역할에 대해 깊이 생각해보지 않은 이가 많다. 나는 강사의 의미와 역할을 알아야 강의를 잘할 수 있다고 생각한다. 그래야 어떠한 것에 집중하고 어떠한 목적으로 강의해야 하는지를 알 수 있기 때문이다.

강사의 의미

강사의 강은 외울 강(講)이다. '講'은 '외우다'라는 뜻 외에 '배우다, 익히다, 연구하다, 풀이하다, 설명하다, 계획하다'의 의미도 있다. '배우고 익히고 연구해서 쉽게 풀어 설명할 수 있도록 계획하는 사람'이 바로 강사다. 강사의 사는 스승 사(師)다. 스승의 사전적인 의미는 '가르쳐 인도하는 사람'이다. 나는 강사를 '자신부터 가르치고 상대를 인도하는 스승'이라고 정의하고 싶다.

간혹 강사 중에는 오늘 강의할 내용을 제대로 익히지 않아 설명을 못하거나 질문에 대답을 못하는 사람이 있다. 어떠한 지식을 설명으로 이해시켜야 하는 게 강사의 역할인데 설명이 어렵다면 어떻겠는가. 물론 설명 능력이 부족한 강사일 수도 있지만 대부분 본인이 제대로 이해하지 못한 상태에서 설명하려 들기 때문인 경우가 많다.

또는 강사의 행동거지가 신뢰를 떨어뜨리는 경우도 있다. 가령 '이미지 메이킹'을 주제로 '퍼스널 컬러 진단'에 관한 강의를 하는데 정작 강사 본인은 누가 봐도 패션 테러리스트라고 한다면 어느 누가 그 강의를 신뢰하겠는가. 강사라는 단어가 품고 있는 의미를 되새겨보며 자신은 강사가 될 사람인지 생각해보기 바란다.

강사의 역할

강사는 단순히 지식을 남에게 전하는 사람이 아니다. 아는 것을 설명하고 강의를 했다고 생각하면 안 된다. 강사는 기획자, 전문가, 메신저, 조력자, 멘토, 동기부여가다. 그 역할을 모두 이해하고 충족해야 정말 '강의 잘하는 강사'라 할 수 있다.

강사는 기획자다. 모든 강의는 내 주장대로 사람의 마음을 움직여야 하는 설득이다. 그러려면 기획이 필요하다. 기획 단계를 거쳐 논리적인 순서와 내용을 담은 강의와 기획 단계 없이 본인이 하고 싶은 말을 하는 강의는 들어보면 확실히 구분된다. 기획 없는 강의는 그냥 '말'이나 '잔소리'에 그치기 십상이다. 강의 기획에 대해서는 뒤에서 더 자세히 다루도록 하겠다.

강사는 전문가다. 그날 강의에서 다룰 내용에 대해서는 전문가가 되어야 한다. 청중이 어떠한 질문을 하더라도 모두 설명할 정도로 말이다. 항상 강사보다 뛰어난 청중이 존재할 수 있음을 염두에 두어야 한다. 청중이 나보다 모를 거라는 생각으로 대충 준비했다간 '폭망' 하는 강의가 될 것이다. 강사는 정말 공부를 많이 해야 하는 직업이다. 오랜 시간 '배우고 익혀 즐거운 마음으로 남 퍼주는 일'을 하는 사람이 강사다.

강사는 메신저다. 기획 단계에서부터 내가 어떤 메시지를 전할 것인지, 어떤 주장을 할 것인지 확실히 해야 한다. 메시지가 한 문장으로 정해지면 설득을 위한 서론, 본론, 결론을 구성한다. 그렇게 강의의 얼개를 짜는 것이다.

강사는 조력자이자 멘토이자 동기부여가다. 경험하고 익힌 것을 기꺼이 내어주어 청중을 돕고, 나아가 그들의 행동 변화를 이끄는 사람이어야 한다. 이것이 강사가 강의하는 궁극적인 목적이다.

이런 역할을 제대로 수행해야 청중이 만족한다. 청중이 외면하면 강사는 무대에 설 수 없다. 강사의 역할을 이해하고 강의에 녹여낸다면, 자신만의 철학을 세워 강의에 임한다면 당신은 이미 훌륭한 강사다. 청중이 금세 진심을 알아줄 테니 말이다.

03
배워서 남 주는 직업, 강사

'강의'와 '강연'의 차이를 아는가? 사전적 정의를 보면, 강의(講義)는 '학문이나 기술의 일정한 내용을 체계적으로 설명하여 가르침'이고, 강연(講演)은 '일정한 주제에 대하여 청중 앞에서 강의 형식으로 말함'이다. 쉽게 말하면 강의는 지식, 기술을 '머리'로 익히게 하는 것이고, 강연은 마음, 감정을 움직여 '가슴'으로 익히게 하는 것이라 할 수 있다. 하지만 나는 강의네, 강연이네 구태여 선을 긋고 싶지 않다. 강사는 지식 전달뿐 아니라 감정에 호소해 행동 변화를 이끄는 사람이어야 한다고 생각하기 때문이다.

나누고 싶은 무언가가 있는 사람

강사가 되고 싶은데 어떤 주제로 강의해야 할지 모르겠다면 '다른 사람에게 나눌 만한 지식이나 경험이 있는지'를 점검해보길 바란다. 그러면 '나만의 콘텐츠'에 대한 실마리를 찾을 수 있을 것이다.

최근에 한 기업으로부터 강의를 의뢰받았다. 보통 의뢰하는 쪽에서 강의 주제를 정해주는데 이번에는 '동기부여가 될 만한 희망적이고 긍정적인 이야기'로 알아서 정해달라고 했다. 단순히 경험만 늘어놓는다면 그건 이야기꾼에 불과하다. 강사는 자신의 경험을 토대로 전하고 싶은 메시지를 강화하여 청중의 행동 변화를 이끌어내야 한다. '내 스토리에 어떤 내용을 담아야 하는가?'라는 질문을 거듭하며 그와 관련한 지식을 습득해 내어놓는 것이 바로 강의다.

나는 20대 초반에 강사 일을 처음 시작했다. 늘 누군가를 가르치는 일을 하고 싶었지만 배움도 경험도 부족해서 강사가 될 가능성은 제로라고 생각했다. 나의 갈망이 어딘가에 닿았는지 기적처럼 기회가 찾아왔다. 화장품에 대해 전혀 몰라도 회사에 입사만 하면 인재개발원에서 무료로 교육을 지원해 화장품 강사를 할 수 있다는 정보를 알게 됐다. 그렇게 강사의 길에 들어섰다.

강의하는 게 좋아서 화장품에 대해 더 이상 익힐 것이 없을 정도로 공부했다. 공부할 게 없어서 도돌이표 같은 강의를 하느라 지칠 때쯤 신입 강사들의 교육 강사가 되었다. 그 경험을 바탕으로 『완벽한 강의의 법칙』을 집필했고 오랜 회사생활로 터득한 커뮤니케이션 기술을 바탕으로 『말 한마디 때문에』를 집필했다. 책 출간 후 프리랜서 강사가 되어 본격적으로 기업 강의를 하게 되었고 동시에 그룹 및 개인 코칭도 진행하게 되었다.

자신의 경험과 지식 중에서 나누고 싶은 무언가가 있는지 생각해보면 강의 콘텐츠에 대한 아이디어가 떠오를 것이다. 나처럼 경험이 부족하다면 공부하면서 강사가 될 기회를 찾아보는 것도 좋을 것이다.

공부하고 준비하는 사람

나는 패션, 세무, 회계, 상품기획, 여행, 뇌과학 등 전혀 모르는 분야의 강사를 코칭하기도 한다. 얼마 전에도 아로마협회에서 강의법을 주제로 강의 의뢰를 받았다. 물론 강의를 기획하는 단계에서는 해당 분야에 대해 어느 정도 알아야 해서 관계자나 코칭 대상자와 여러 차례 인터뷰를 진행한다. 아로마협회 예비 강사를 코칭하기 위해 아로마를 공부했고 생각한 것보다 훨씬 아로마의 효능이 뛰어나서 놀랐다. 흥미가 있어서 깊이 파고들다 보니 아로마 지도자 자격증까지 취득하게 되었고 몇 개월간 더 공부한 후에는 아로마 강사로도 활동하게 되었다.

주요 강의 주제였던 '소통 대화법'과 '아로마'를 접목해 DIY실습을 함께 구성한 강의는 기업의 호평을 얻었다. 새로운 것을 익혀 강의력을 더 탄탄하게 한 것이다. 강의는 하고 싶지만 어떻게 콘텐츠를 개발해야 할지 모르겠다면 강사가 될 수 있는 분야의 자격증을 취득하거나 교육과정을 수료하라고 권하고 싶다.

요즘에는 법정의무 교육 강사로 강사 일을 시작하는 사람도 많다. 법정의무 교육 강사 양성 아카데미가 있고 그곳에서 강의 연결까지 해준다. 그런 과정으로 일단 강사 일을 해보며 강의력을 키워 이후에 자신이 하고 싶은 강의 주제를 찾아 공부하며 강의를 개발하면 어떨까. 실전에서 쌓은 노하우와 접목해 새로운 강의를 할 수 있을 것이다.

다년간 쌓은 경험과 지식을 강의로 풀어내는 것이 가장 좋다. 자신이 강의해본 다양한 강의 주제 중에서 '이 분야만큼은 내가 전문가'라고 할 만한 것을 꾸준하게 공부하고 관련 콘텐츠를 개발하라.

나는 화장품 강사로 활동할 때 제품, 서비스, 판매 스킬에 대해 강의했다. 당시 나는 지금보다 그릇이 작았고 강의에 대한 사명감도 부족했다. 월급제 강사였기 때문에 '강사'라기보다 '회사원'이라는 인식이었던 것 같다. 그럼에도 기업 강의를 진행하며 수익을 내고 있으니 강의를 허투루 하면 안 된다는 생각이었다. 단순히 강의료를 받았기 때문이 아니다. 기업이 강의료를 지불한 것은 내가 청중의 변화를 이끌 거라 믿어서라고 생각하기 때문이다. 내 강의력에 대한 기업의 믿음을 깨고 싶지 않았다.

실제로 어떤 강사는 기업 강의를 했는데 강의가 엉망이라는 이유로 강의료를 받지 못했다고 한다. 기업의 횡포라고만 볼 수 없는 게 강사가 아무런 기획도 준비도 없이 설렁설렁 시간을 때웠다면 기업 입장에서도 돈을 주는 게 아까웠으리라. 익숙해짐을 경계하고 늘 초심으로 강의를 준비하고 진행하기 위해 내 나름의 강의 철학을 세웠다.

"늘 진심으로 가르치며 청중의 이익과 만족감을 위해 정보와 지식을 나누어 궁극적으로 그들이 용기와 희망을 품도록 하는 강사가 되자."

강사는 아낌없이 나누고 베푸는 사람이다. 피나는 노력으로 얻은 지식과 노하우라며 아끼는 강사도 간혹 있다. 그 마음을 이해하지 못하는 것도 아니고 비난하는 것도 아니다. 다만 나는 내 강의 철학대로 살고 있다.

가끔 기업에서 강의료에 강의 원고료도 포함되는 게 아니냐며 강의 자료를 요구하는 경우가 있다. '내가 노하우를 공들여 정리한 자료를 달라고?' 하고 당황할 수 있는데 나는 군소리 없이 자료를 건넨다. 강의 중에 카메라로 강의 자료를 연신 촬영하는 경우도 있다. 그러면 나는 아예 자료를 놓고 갈 테니 그때 찍으라고 한다. 내가 세운 강의 철학대로, 그들의 이익과 만족감을 위해 더욱 베풀고 나누고 싶은 마음에서다. 강의 자료를 오픈한다고 해도 지금껏 이렇다 할 피해는 없었다. 한 가지 분명한 건 내가 베푼 만큼, 아니 그 이상으로 내게 돌아온다는 것이다.

04
A급 마인드가 A급 강사를 만든다

기업마다 경영철학이 있다. 기업 홈페이지를 보면 어떤 철학으로 운영해나가는지 쉽게 확인할 수 있다. 단순히 '보여주기'식이 아니라 그 철학대로 경영하는 기업이 많다.

기업뿐만 아니다. 자신만의 철학으로 사는 사람도 많다. 바로 좌우명이다. 나 역시 인생 좌우명이 있고 나름의 강의 철학도 있다. 좌우명이든 강의철학이든 삶의 기준을 세워놓으면 어떤 유혹에도 흔들리지 않고 굳건할 수 있다.

생각이 사람을 바꾼다

2008년 부동산 버블 붕괴의 영향으로 미국 경제가 침체되면서 커피 소비가 줄기 시작했다. 그때 커피회사들은 저렴한 커피를 출시했고 스타벅스는 위기에 봉착했다. 스타벅스 CEO 하워드 슐츠의 경영 철학은 "스타벅스는 커피가 아닌 공간, 문화, 경험을 파는 기업이며 회사의 최우선은 직원들이고 그다음이 고객이다"였다. 직원들이 행복해야 결국 고객에게도 좋은 서비스를 제공할 수 있다는 그의 철학 덕분인지 스타벅스는 위기에 흔들리지 않았고 많은 사람의 사랑을 받고 있다. 그의 A급 경영 마인드가 A급 커피 체인점을 만든 것이다.

2015년 어느 송년행사에 두 명의 테러리스트가 무차별 총격을 가해 14명이 사망하고 22명이 다치는 사고가 발생했다. 범인들이 그 자리에서 숨져서 배후세력을 추적하는 데 어려움이 있던 차에 현장에서 범인의 아이폰 5C가 발견되었다. 미국정부는 애플에 국가안보 차원에서 휴대폰 잠금해제법을 제공해달라고 요구했다. 하지만 애플은 정부의 강한 압박에도 끝까지 고객정보를 지켰다. 테러와 같은 비상상황에서 정부에 협조해야 하지 않느냐고 생각할 수 있지만 애플은 끝까지 고객정보를 지켜냈다. 애플의 경영 철학 중 하나가 "애플 사용자의 디지털 사생활 보호"다. 소비자들은 애플을 비판하기보다 더 신뢰하게 되었다.

생각은 사람을 바꾼다. A급 철학과 생각이 A급 강사를 만든다. 영국 소설가 찰스리드(Charles Reade)는 "생각은 말이 되고, 말은 행동이 되며, 행동은 습관이 되고, 습관은 인격이 되고, 인격은 운명이 된다"라고 했다. 결국 나의 생각이 나의 운명이 된다는 것이다.

A급 마인드

'강의=돈'이라고 생각한다면 그 생각이 말과 행동으로 드러나게 되고 강의를 돈으로만 보는 강사로 낙인 찍혀 그 어느 누구도 강의 기회를 제공하지 않게 될 것이다. 실제로 강의를 돈으로만 바라보고 강사비가 적으면 쳐다보지도 않는 강사가 많다. 물론 나역시 이왕 같은 시간이면 강의료를 많이 주는 곳을 선택한다. 시간이 돈인 강사로선 어쩌면 당연한 선택이다.

그런데 청중 앞에서 '돈, 돈' 거리는 어떤 강사를 보고 조심해야겠다는 생각이 들었다. 이름만 대면 누구나 아는 유명 강사였는데, 그가 진행하는 강의를 들으러 갔다가 크게 실망했다. 강의 내용의 3분의 1이 그가 운영하는 아카데미 홍보였기 때문이다. 강의 주제가 좋아 신청했던 유료 강의라 아쉬움이 컸다. 씁쓸하고 있는데, "오늘 강의는 강의료를 너무 적게 받은 거라 담당자에게 더 많이 받아야 한다고 했다"라며 강사가 웃는 게 아닌가. 그날 강의료는 저렴한 편이었지만 그것조차 아까울 정도로 내용이 부실했다. 설사 무료 강의였더라도 강의를 들으러 오느라 들인 수고와 시간이 아까웠을 것이다. 듣고 싶었던 내용은 하나도 없고 마치 영업사원의 프레젠테이션을 듣는 느낌이었다. 누군가 그날 강의를 영상으로 촬영해 공유했다면 그동안 쌓은 그의 이미지는 하락했을 것이다. 그 강사의 생각은 '강의=돈'이 아니었을까.

생각은 참 무서운 것이다. 무의식속에 자리한 생각이 말로, 행동으로 표현되니까 말이다. 강사는 말을 많이 할 수밖에 없는 사람이다. 말조심도 해야겠지만 그보다 먼저 생각을 다져야 한다.

시간당 수백만 원의 강의료를 받으면 A급 강사일까? 나는 프로 의식을 갖춘 사람이 A급 강사라고 생각한다. 정말 강의에 대한 애정이 있고 청중에 긍정적인 영향력을 미치는 사람, 나아가 사회 발전에 영향력을 미치는 사람 말이다. 프로 의식에 대한 기준이 규격화된 것은 아니지만, 청중이 내어준 귀한 시간과 돈에 대해 그 이상으로 보답하려는 마음가짐이 진정한 프로 의식이라고 본다.

온라인 강의 촬영, 어렵지 않다

2020년 코로나가 장기화되자 기업과 강사 에이전시는 온라인 생방송으로 진행하거나 촬영 영상 파일을 건네주길 요구했다. 화상 강의 특강을 위해 강사를 따로 모집하기도 했다. 예상과 달리 지원한 강사 수는 적었다. 강의 기회가 없어서 힘든 시기에 왜 지원율이 낮았던 걸까?

오프라인 강의에 익숙해져 있다 보니 혼자서 온라인 강의를 준비할 엄두가 나지 않아서라고 생각한다. 청중이 아닌 카메라와 대면하며 촬영하는 것도 쉽지 않을뿐더러 촬영이나 편집을 못하는 것이다. 그렇다고 업체에 맡기자니 그 비용 또한 만만치 않다.

그러니 당장 화상 강의에 지원하기는 어려웠으리라.

온라인 강의 기회가 있어도 기술적인 문제 때문에 도전하지 못하는 게 안타까웠다. 나는 방송연예과를 전공했고, 50강 이상 동영상 촬영을 한 경험이 있고, 온라인 강의를 진행해본 적도 있으며 유튜브에 2개의 채널을 이용하고 있어서 카메라에 익숙하다.

카메라 적응은 별개로 온라인 강의를 위한 촬영이나 편집은 아주 기본적인 기술만 익히면 충분하다. 준비가 되어 있는 사람만이 기회를 잡을 수 있다.

전자칠판과 TV를 활용해 촬영하는 법

강의 방식이 익숙해서 가장 수월하게 촬영할 수 있는 방법 중하나다. 빔프로젝터로 자료를 띄워놓고 하던 것처럼 하면 된다. 카메라 앵글을 벗어나면 안 되어서 동선이 불편할 수 있지만 큰 문제는 아닐 것이다.

전자칠판은 PPT화면을 띄워놓고 전자펜으로 글씨를 써가면서 강의할 수 있는데 고가라서 덜컥 구매하기에는 부담일 수 있다. 전자칠판을 보유한 스튜디오에서 대여해 촬영 및 편집을 할 수 있으니 이를 활용하자. 촬영팀은 스튜디오 밖에서 다른 모니터로 확인하기 때문에 강사 혼자서 강의에 집중할 수 있다.

전자칠판 대여비가 부담된다면 전자칠판 대신 TV에 자료를 띄우고 스마트폰으로 촬영할 수 있다. TV화면 정도는 스마트폰으로 촬영해도 영상 화질에 큰 문제가 없다. 그래도 가독성에 문제가 없는지 리허설은 필요하다. 한편, 빔프로젝터가 있는 강의실에서 스마트폰으로 촬영하는 방법은 그다지 권하지 않는다. 촬영 도구 성능이 아주 좋지 않는 한 텍스트가 잘 보이지 않거나 깨져 보일 수 있기 때문이다.

(위) 전자칠판을 활용한 강의 (아래) TV를 활용한 강의

다음은 앵글을 체크하고 촬영을 진행한다. 이때 강사의 머리 위에 공백을 두어야 보는 사람이 답답하지 않다. 전자칠판이나 TV화면의 크기에 따라 가슴까지 화면에 나오는 바스트 숏(Bust shot)이나 허리까지 화면에 나오는 웨스트 숏(Waist shot)으로 촬영하는 것이 좋다. 풀 숏(Full shot)은 강사의 표정과 입 모양이 잘 보이지 않아 전달력이 떨어지고 강의 자료가 잘 보이지 않으므로 추천하지 않는다.

또 전자칠판이나 TV에 띄울 PPT자료는 반드시 16:9 비율로 제작해야 한다. 4:3 비율로 제작할 경우 전자칠판이나 TV에 띄웠을 때 화면이 중간에 작게 나오고 양쪽 끝이 검게 나오기 때문이다.

강사보다 컴퓨터 화면 중심으로 촬영하는 법

강의 주제와 강의 자료에 따라 강사보다 PPT화면이 중요한 경우가 있다. 예를 들어 교양, 서비스, 비즈니스 매너, 동기부여가 주제인 강의는 전자칠판이나 TV화면에 자료를 띄우고 진행해도 된다. 이때 자료는 보조 역할이므로 강사가 말하는 내용에 더 중점을 두는 게 맞다.

하지만 SNS마케팅이 주제인 강의는 어떨까? 컴퓨터 화면을 띄우고 방법을 알려주어야 하므로 이때 강사보다는 화면에 중점을 두는 게 맞다. 시작 부분에 인사하고 강의 개요를 안내할 때 정도는 강사에 중점을 두겠지만 이후에는 컴퓨터 화면만 띄우고 강사는 오디오로만 등장해도 된다.

화면 중심 강의를 할 때 가장 간편한 프로그램이 오캠이다. 스크린 레코더 및 화면 캡처 프로그램으로 컴퓨터 작업을 녹화하는 동시에 스피커로 오디오를 넣을 수 있다. 네이버 소프트웨어 (software.naver.com)에서 '오캠'으로 검색하면 다운로드받을 수 있다.

강사와 PPT자료 화면을 동시에 나오게 하는 법

강의 자료를 크게 보여줘야 하는 동시에 강사도 나와야 한다면 'OBS Studio' 프로그램을 추천한다. 1인 미디어 방송, 특히 게임 중계를 콘텐츠로 하는 유튜버가 많이 사용하는 프로그램으로 전체 화면과 오른쪽 하단의 작은 화면을 동시에 띄울 수 있다.

강의 자료는 화면 전체에 띄우고 강사 얼굴은 오른쪽 하단 화면에 보이도록 한다. 왼쪽 하단에 작은 화면을 띄울 수도 있지만 아무래도 보는 사람은 오른쪽 하단에 익숙해져 있을 테니 그쪽에 두는 게 낫다. 다만 오른쪽 하단에 화면이 나온다는 걸 염두에 두고 글씨나 그림이 겹치지 않게 PPT자료를 만들어야 한다.

OBS STUDIO를 활용한 강의

　프로그램은 OBS홈페이지(https://obsproject.com)에서 다운로드 받을 수 있다. 자세한 사용법은 유튜브나 네이버 VIEW에서 검색 해보길 바란다. 화면을 동시에 띄우니 무조건 좋다고 생각하지 말고 자신의 강의 주제와 강의 자료에 어떤 촬영방식이 어울릴지 따져보길 바란다.

유튜브를 다양하게 활용하라

자신의 강의 영상을 촬영해 유튜브에 올려 무료로 공유하는 강사가 많다. 코로나 이전에 이미 시작한 강사도 있고 코로나 이후 필요성을 실감하고 시작한 강사도 있다. 강의 영상을 올리면 다른 경쟁 강사에게 강의 자료나 노하우를 빼앗길 수도 있다. 하지만 구독자와 조회수가 늘면 수익이 발생하는 데다 그만큼 자신의 강의가 홍보되는 것이니 장단점을 따져보고 활용해보자.

제2의 수익원

보통 강의 형식에 따라 다르겠지만 수익 발생에 목적을 두고 있다면 동영상은 10분 이내가 좋다. 사람들은 재생시간이 긴 영상보다 짧은 영상을 좋아한다. 재생시간이 길면 10분 내로 영상을 쪼개서 올리자.

구독자 수가 1,000명이 넘고 시청시간이 4,000시간이 넘으면 영상에 광고를 붙일 수 있는데, 이는 강사일 외에 다른 수익원이 될 수 있다. 다만 수익 발생을 위해 유튜브를 운영할 생각이라면 개인 계정이 아닌 브랜드 계정으로 등록해야 하니 참고하자.

저장 공간

강의 영상의 용량이 클 경우 메일 발송이 어려울 때가 있다. 파일을 압축해서 해결되면 다행이지만 그런데도 용량이 큰 경우가 종종 있다. 구글 드라이브나 유튜브를 활용하면 간편하다. 비공개 상태로 해놓고 내가 링크를 보낸 사람, 자격을 부여한 사람만 볼 수 있게 할 수 있다. 미리 자신의 강의 영상을 촬영해서 유튜브에 업로드하고 언제든 온라인 강의 영상 요청이 들어오면 링크를 보내주는 것이다.

〈2장〉

청중을 사로잡는

무대 장악력은 어디에서 오는가

01
무대공포증 극복의 지름길은
철저한 준비

강의 경험이 부족하거나 전혀 없는 강사들이 내게 코칭을 의뢰하며 가장 많이 걱정하는 것이 바로 '무대공포증'이다. 일대일로 앉아서 설명하는 것은 누구보다 잘할 자신이 있는데 다수 앞에서 강의를 하려면 덜덜 떨려 고민이라는 것이다. 온라인 강의는 카메라도 어색한 데다 자료가 남는다는 생각에 더 떨린다고 한다. 오프라인 강의이든 온라인 강의이든 내가 코칭한 강사들은 모두 수업과정이 종료될 즈음에 무대공포증을 극복했다. 누구나 무대공포증을 극복할 수 있다.

사람들 앞에만 서면 떨리는 이유

강의를 처음 시작할 때 나 역시 떨고 긴장했다. 본래 내향적인 성향이라서 강의할 때가 아니면 남들 앞에 서는 것을 그리 좋아하지 않는다. 사람들 앞에 서는 게 익숙할 거라는 짐작으로 갑자기 행사 자리의 사회를 맡게 되는 경우가 있는데 여간 곤란한 게 아니다.

사람들의 이목이 집중되었을 때 떨리는 건 자연스런 현상이다. 어릴 적 피아노 대회에 나간 적이 있는데 나 혼자 무대에 나와 수많은 사람에게 인사하고 연주를 하는 게 얼마나 떨렸는지 모른다. 연습을 많이 안 해서 혹여 사람들 앞에서 실수할까봐 불안해서 더 떨었던 것 같다.

'내가 강의하는데 사람들이 아니라고 하면 어떻게 하지?', '중간에 강의 내용을 잊어버리거나 실수하면 어떻게 하지?'라는 부정적인 생각은 떨림을 증폭시킬 뿐이다. 준비가 제대로 되어 있거나 무대 경험을 많이 쌓으면 떨림을 가라앉힐 수 있다.

초보 강사들을 코칭할 때 시범 강의를 하게 하는데, 청중이 나뿐인데도 많이 긴장하고 떤다. 그러면 나는 "강사님, 리허설 몇 번이나 하셨나요?" 하고 묻는다. 돌아오는 대답은 "사실 연습을 많이 못 했습니다"가 대부분이다. 스스로 연습 부족임을 알고, 뒷장 슬라이드에 이어지는 내용이 무엇인지 모르는 상태여서 자꾸 부정적인 생각이 떠올라 긴장이 되고 떨리는 것이 아닐까. 준비가 미흡해서 떠는 것이라는 걸 청중에게 들키는 순간 강사에 대한 신뢰가 깨진다. 한번 깨진 신뢰를 회복하는 것은 쉽지 않을 것이다.

철저한 강의 준비와 무대 경험

현재 내가 진행하고 있는 강의코칭 프로그램 중 일대일 코칭은 보통 6~8주 과정이다. 강의 자료가 준비되면 시범 강의에 가장 오랜 시간을 들인다. 초반에는 긴장해서 말을 더듬거나 떨어서 강의 흐름이 끊기기 일쑤지만, 코칭 막바지에는 긴장하던 모습은 사라지고 자신감 넘치는 모습이 된다.

인도 여행을 전문으로 하는 여행사 대표를 코칭한 적이 있다. 대표님은 내향적인 성향의 사람이었다(이 책의 부록에 실린 MBTI로 성격을 진단해볼 수 있다). 젊은 나이에 창업해 10년 이상 회사를 운영해오고 있는데, 창업을 목표로 하고 있는 대학생들 대상으로 강의를 하게 되었다. 그런데 강의 경험이 전혀 없어서 어떤 내용으로 강의해야 할지부터 고민이라며 나를 찾아온 것이다. 무엇보다도 무대공포증이 있어서 걱정이 많았다.

누구보다 열심히 강의 자료를 준비해 시범 강의를 처음으로 한 날, 긴장해서 목소리가 떨리고 말을 더듬고 중간에 강의 내용을 잊어버리는 실수를 했다. 그런데 6주간 시범 강의와 리허설을 반복하자 완벽에 가까울 정도로 강의할 수 있었다.

강의 하루 전날 내가 "대표님, 내일 드디어 실전 강의인데 떨리세요? 아니면 내일 강의 내용을 학생들에게 빨리 알려주고 싶어서 설레나요?" 하고 물었다. 그러자 대표는 "조금 떨리긴 하지만 설렘이 더 큽니다"라고 말했다.

코칭 과정을 열성적으로 따라주었기 때문에 직접 현장 강의를 보고 싶어서 동행했다. 그는 100명이 넘는 학생들 앞에서 안정적인 목소리로 차분하게 강의를 이어나갔다. 실전 강의는 처음이라는 게 믿기지 않았고 오히려 프로 강사 같아서 강의 내내 뿌듯했다. 강의가 끝난 후 떨렸느냐는 내 질문에 "생각보다 괜찮았어요. 처음에는 떨렸는데 어느 순간 안정되며 전혀 떨리지 않았습니다"라고 답했다. 철저히 강의를 준비했기에 긴장을 극복하고 떨지 않은 것이다.

강의를 많이 하다 보면 새로운 곳에서 새로운 청중을 만나도 떨지 않게 된다. 경험이 많아지면 무대공포증은 자연스럽게 해결된다. 사실 초보 강사보다 강의 경험이 많아 더 이상 떨리지 않는 강사가 더 문제다. 긴장감이 없으면 강의 자료 제작, 내용 구성에 시간과 노력을 쏟지 않고 강의 중에 말실수가 빈번하게 발생하기 때문이다. 긴장감 없는 강사가 긴장하는 강사보다 더 위험하다. 초보운전자보다 경험이 많은 운전자가 더 큰 사고를 내는 것도 긴장감이 없기 때문이다. 강의 경험이 얼마나 됐든 어느 정도의 긴장감을 가지고 강의를 준비하고 리허설을 거치는 것이 좋다.

긴장했음을 인정하기

긴장하면 스트레스를 받고 그러면 아드레날린과 코르티솔이라는 호르몬이 분비된다. 동공이 확장되고 손에 땀이 나며 근육이 수축되고 목소리와 몸이 떨린다. 생리기능을 억제해 몸 곳곳이 굳고 심장박동수가 증가하며 호흡이 빨라져 숨 쉬기가 어려워지기도 한다. 『스트레스의 힘』의 저자 켈리 맥고니걸(Kelly McGonigal)은 무대공포증으로 스트레스를 받을 때 안정시키려고 노력하기보다 불안감을 그대로 받아들이고 '나는 들떠 있다'라고 되뇌어보라고 조언한다.

하버드대 경영대학원 교수 앨리슨 우드 브룩스(Alison Wood Brooks)는 수백 명의 학생에게 "무대공포증으로 스트레스 반응이 올 때 진정하려고 노력해야 할까? 마음이 들뜨도록 노력해야 할까?"라고 질문했다. 91%의 사람이 진정하려고 노력해야 한다고 답했다. 브룩스는 이를 밝혀내기 위한 실험으로 연설을 앞둔 사람들에게 '나는 차분하다'고 생각하며 마음을 누그러뜨리라고 말했고 나머지 사람들에게는 불안감을 그대로 받아들이고 '나는 들떠 있다'고 마음속으로 되뇌라고 말했다. 결과적으로 두 집단 모두 긴장을 떨쳐내지는 못했다. 다만 '나는 들떠 있다'고 생각한 사람들이 더 상황에 잘 대처할 수 있었고 긴장하긴 했지만 좋은 연설을 할 수 있다고 확신했다.

무대공포증을 억누르고 아닌 척하기보다는 드러내는 게 더 낫다. 안 떠는 척 숨도 쉬지 않고 말하면 보는 사람까지 숨 막히고 불안해져 강의 내용이 전달되지 않는다. "여러분을 만나는 것이 설레어 많이 긴장돼요"라고 솔직하게 밝히면 청중이 박수로 응원해줄지도 모른다. 차라리 떨릴 때에는 한 템포 쉬어가며 솔직하게 드러내는 것은 어떨까?

스트레칭과 아이스 브레이크

긴장으로 근육이 수축되어 강의가 끝난 후 목과 어깨에 통증을 호소하는 강사도 있다. 긴장하면 어깨에 힘이 들어가 위로 올라가고 본능적으로 팔을 감추려고 한다. 뒷짐을 지거나 겨드랑이를 붙인 채 강의하면 상대방 눈에 불편해 보인다. 강의 전에 가볍게 스트레칭을 해서 몸의 긴장을 풀어주면 좋다. 손과 팔을 활발히 움직이며 강의하면 근육이 이완되어 긴장감을 낮출 수 있다.

강의 도입부에 아이스 브레이크(Ice Break)를 하면 무대공포증을 단숨에 이겨낼 수 있다. 아이스 브레이크는 퀴즈, 게임, 농담 등을 해서 얼음을 깨듯 청중과의 서먹함을 깨는 강의 스킬이다. 강사만 긴장하는 것이 아니다. 청중도 낯선 강사가 불편하다. 질문이라도 할까봐 앞자리를 휑하니 비워놓고 뒷자리와 구석자리부터 채운다. 낯선 강사가 불편한 청중은 얼굴 표정도 굳어 있기 마련이다. 그런 청중 앞에 서면 더욱 긴장될 수밖에 없다.

나는 모든 강의 도입부에 아이스 브레이크를 진행한다. 간단한 자기소개 후 청중이 즐길 수 있는 레크리에이션 형태로 아이스 브레이크를 진행해 웃고 시작한다. 그렇게 하면 강사와 청중 모두 어느 정도 긴장감이 풀려 원활하게 강의할 수 있다. 강의 기획 단계부터 아이스 브레이크를 염두에 두자. '어떻게 하면 불편함을 풀어주고 내게 마음을 열까?' 충분히 고민하여 최대한 재미있는 시간이 되도록 준비해보자.

02
청중과 라포르를 형성하라

라포르(Rapport)는 사람과 사람 사이에 생기는 상호신뢰관계를 말하는 심리학 용어다. 서로 마음이 통해 어떤 일이라도 터놓고 말할 수 있고 감정적·이성적으로 이해하는 관계로 특히 심리치료, 교육, 치료상담 등에서 많이 쓰인다. 강사가 청중과 라포르가 형성되어야 질문을 던졌을 때 대답을 잘해주고, 실습이 필요하면 잘 따라와주며, 강의 내내 긍정적인 표정과 리액션을 해주어 강의 진행이 원활하다.

온라인 강의는 비대면으로 진행하기 때문에 라포르 형성이 오프라인 강의보다는 힘들다. 그렇지만 비대면이기 때문에 더욱 공들여서 라포르를 형성해야 한다. 온오프라인에 상관없이 청중과의 라포르 형성을 위한 궁리를 해보자.

라포르 형성을 위해 알면 좋은 3가지

사람들은 누군가와 교감할 때 보통 3가지 특징이 있다(Linda Tickle-Degnen 외 1명, 「The Nature of Rapport and Its Nonverbal Correlates」).

첫째는 상호주의(Mutual attentiveness)로, 다른 사람이 하는 말에 집중하고 관심을 가지며 교감한다. 강사는 청중의 반응을 체크하며 강의를 진행한다. 생방송으로 진행하는 온라인 강의는 청중의 반응이 일반 오프라인 강의보다 더 잘 보인다. 카메라 앞에 앉아 강의를 듣기 때문이다.

만약 청중의 표정이 좋지 않거나 딴청을 피우거나 잠을 잔다면 강사는 자신의 강의를 점검해봐야 한다. 기획과 내용이 문제일 수도 있으나 그보다 먼저 청중과의 라포르 형성 문제인지 살펴보자.

둘째는 긍정주의(Positivity)로, 서로 걱정과 관심을 보이며 교감한다. 실업계 고등학생을 대상으로 면접 스피치 강의를 한 적이 있다. 쾌활한 학생들이라서 내가 한 마디를 하면 서너 마디로 피드백을 해서 강의 분위기는 좋았지만 성인 대상 강의보다는 강의 진행이 더뎠다.

학생들이 지루해하지 않도록 좋아할 만한 간식을 준비해가서 나눠주고 칭찬을 아끼지 않았다. 내가 마음을 열자 학생들도 쉬는 시간에 먼저 다가와 음료수를 주고 사진 요청을 하고 질문을 했다. 강의가 끝나고 담임교사는 내게 아이들이 이렇게 강의를 좋아한 적은 처음이라며 신기해했다. 그날 강의는 라포르 형성이 아주 잘되었던 것 같다.

셋째는 조화(Coordination)로, 무언가 공통된 이해를 공유할 수 있게 서로 동기화되어 있다고 여기며 교감한다. 그러므로 강사는 청중과 공감할 만한 내용으로 강의를 구성해야 한다.

한번은 경주의 한 호텔에서 스트레스를 주제로 강의한 적이 있다. 청중은 광주에서 경주로 워크숍을 온 직업상담사들이었다. 청중의 거주지가 경주가 아닌 광주라는 것을 사전에 알고 있었던 나는 그 점을 공략해 라포르를 형성하기로 했다. 내 출신이 전라도라는 걸 밝히며 "또 같은 지역 분들을 만낭께 겁나 반가워 브요잉" 하고 사투리로 인사했다. 그러자 청중은 웃음보를 터뜨리며 굉장히 반가워했다. 연고지로 강의를 가면 라포르 형성에 좋은 소재가 많다. 그 지역 출신이 아니더라도 그 지역과 관련된 추억도 좋은 소재가 될 수 있다.

라포르 형성과 아이스브레이크

유사성 효과(Similarity Effect)는 서로 비슷한 점을 갖고 있는 사람들끼리 끌린다는 심리학 이론이다. 사람은 본능적으로 자신과 비슷한 사람을 좋아한다고 한다. 외모뿐만 아니라 생각, 가치, 신념, 나이, 취미, 고향, 학교 등이 같으면 훨씬 더 라포르를 형성하기 쉽다.

강의 전 일찍 도착한 청중과 자연스러운 대화를 나누어 공통점을 찾아보면 좋다. 그렇게 몇 마디 나눈 사람들은 다른 사람들에 비해 더 강의에 집중하고 대답도 잘해주며 긍정적인 리액션을 한다. 쉬는 시간에도 청중과 대화하며 먼저 다가가야 한다. 강의와 관련된 문답을 주고받다가 다음 차시 강의의 소스를 얻을 때도 있다.

온라인용으로 강의를 촬영할 때에는 청중을 아예 볼 수 없다. 그래도 라포르 형성을 위해 아이스 브레이크는 꼭 필요하다. 청중에 대한 정보를 분석해 그들이 공감할 만한 내용으로 도입부를 구성하는 것이 좋다.

사투리로 인사를 건넨다든지, 선물을 준다든지, 관련 있는 이야기를 하는 등 강사가 먼저 노력하는 모습을 보여주면 청중도 마음의 문을 연다. 강사는 청중의 마음을 열고자 노력하고 있음을 어필하면 좋다. 예를 들어 나는 선물을 나눠주며 '어떤 마음으로 준비해왔는지'를 강조한다. "오래 앉아있느라 지쳤을까봐 작은 선물을 준비했어요", "찌뿌둥할 것 같아 잠시 오락의 시간을 가져봤어요" 하고 생색을 낸다.

라포르 형성과 칭찬 한 마디

강의 도입부에서 라포르를 형성하지 못한 채 강의를 시작해버렸어도 걱정하지 말자. 강의 도중에도 청중과 충분히 교감하며 라포르를 형성할 수 있다. 청중이 쉽게 대답할 수 있는 질문을 하고 크게 칭찬하는 방법이 있다.

"굉장히 중요한 말씀을 해주셨네요. 박수 한 번 주세요"라고 하면 청중은 으쓱해진다. 강사는 한 사람을 칭찬했어도 나머지 청중까지 긍정적인 인상을 받게 된다. '내 답이 틀려도 민망하지 않겠다', '쉽게 칭찬하는 사람이니까 나도 칭찬해주겠지'라는 생각에 강사가 또 질문해도 주저 않고 답변한다. "집중을 너무 잘하고 눈빛이 살아있는 직원들을 보니 이 회사는 발전할 수밖에 없는 것 같아요" 하는 식으로 청중 전체를 칭찬해도 좋다.

청중은 나의 강의 무대를 열어주는 고마운 사람이다. 청중에 대해 평소에도 애정을 갖는다면 저절로 라포르 형성이 될 수밖에 없지 않을까. 청중에게 그런 마음을 품으면 오프라인이든 온라인이든 강의 당일에 처음 본 사람이라도 오래 본 사이 같은 정이 생긴다. 그러면 '어떻게 하면 청중과 라포르를 형성할 수 있을까' 하고 굳이 고민하지 않아도 된다. 청중을 아끼는 마음이 그대로 행동에 드러나기 때문이다.

03
가르치려 하지 말고 가리켜라

강의 경험이 많은 강사라도 준비해온 내용을 읊고 가는 게 목적인 것처럼 영혼 없이 강의하는 이도 적지 않다. 청중에 따라, 그날의 강의 상황에 따라 준비해온 내용을 짧게 다루고 넘어가거나 깊게 다루는 식으로 대처해야 하는데 같은 주제의 강의라고 기존과 동일한 내용과 형식으로 진행하는 강사가 있다. 이런 앵무새 강의를 과연 제대로 된 강의라 할 수 있을까.

청중에게 무언가를 설명했을 때 단번에 이해하는 사람이 있는가 하면 두세 번 설명해야 이해하는 사람도 있다. 표정을 살피며 수사법이나 스토리텔링 기법을 활용한 설명으로 청중이 이해할 수 있도록 도와야 한다. 또 강의 중간중간 질문을 던져 제대로 이해하고 있는지 파악하면서 강의를 진행해야 한다. 가장 좋은 방법은 애초에 청중의 정보를 받아 철저히 분석한 후 강의 내용을 준비하는 것이다.

최악은 가르치려 드는 강사

강사는 가르치는 능력을 갖춰야 한다. 하지만 가르쳐야 한다고 너무 의식하면 좋지 않다. 가르치려 드는 강사가 되어버리기 때문이다. 가르치려 드는 강사는 자신이 아는 것을 설명할 뿐 청중이 이해했는지 못했는지에 대해서는 관심이 없다. 준비해온 강의를 정해진 시간 내에 끝내기 바쁘다. 중요한 부분이면 축약해서라도 설명하여 반드시 이해시키고 넘어가야 직성이 풀린다.

또 가르치려 드는 강사는 "그래서 어떻게 한다?"라는 표현을 자주 쓴다. 대놓고 청중을 무시하는 강사도 있다. 가령 대학생을 상대로 한 강의라면 교단에 기댄 채 반말로 강의하는 식이다. 자신보다 나이가 어리다고 함부로 대하는 강사는 아무리 강의력과 지식이 뛰어나도 청중의 마음을 사로잡을 수 없다.

가야 할 방향을 가리키는 강사

나는 강사들을 가르치는 일을 하고 있지만 한 번도 그들을 가르친 적이 없다. 강의를 잘할 수 있도록 방향을 제시하고 스스로 자신에게 맞는 방법을 찾도록 방향을 가리켰을 뿐이다. 그래서 나는 스스로를 '강사를 가르치는 강사'가 아닌 '강사를 돕는 강사'로 소개한다.

성인은 칭찬 같은 외적 동기보다 내적 동기가 유효하며 스스로 학습 의지가 있어서 자기주도적이다. 그러니 '내 말 대로 따라야 해' 같은 강압적인 주장은 먹히지 않는다. 왜 그렇게 해야 하는지 납득이 되는 솔루션을 제시하되 선택은 청중이 하게 둔다.

청중의 행동이 바뀔 때 비로소 제대로 된 강의를 했다고 할 수 있다. 청중의 반응이 좋았고 강사가 더듬거리지 않고 강의를 끝냈다고 해서 강의를 잘한 것이 아니라는 말이다. 강의의 목표는 '청중의 행동 변화'다. 강사가 목표한 대로, 가리켜준 방향대로 청중 스스로가 느끼고 동기부여가 되어 청중 스스로 방법을 찾아 행동이 변화됐다면 그 강의는 성공으로 봐도 좋다.

'청중이 모르는 것을 더 잘 알아서 가르치는' 게 강의가 아니라 '내가 배우고 경험해보아 깨달은 것을 공유하는' 것이 강의다.

04
강사가 절대 저지르면 안 되는 실수

강사로서 강의를 준비하고 진행할 때 꼭 알아야 할 '강사가 저지르기 쉬운 실수'에 대해 다루고자 한다. 누군가는 이것이 실수였는지조차 모르고 지나갈 수 있다. 강사의 길을 걸을 때 다음의 5가지는 주기적으로 점검해보길 바란다.

제대로 준비하지 않은 강사

몇 년 전, 불특정 다수를 대상으로 『완벽한 강의의 법칙』(김인희 지음, 한국경제신문, 2018년) 저자 특강을 진행했다. 나는 보통 강의 시작 30분 전에 가서 강의 제목이 보이는 화면을 띄워놓고 마이크 연결 상태 확인 등의 준비를 한다. 그런데 2시 시작인데 앞 강의가 끝날 기미가 안 보였다. 연장 강의를 하는 그 강사를 내심 원망했는데, 알고 보니 내 앞 강의의 종료 시간은 2시였다. 장소 대여하는 곳의 실수로 여유 시간 없이 연달아 예약해놓은 것이다. 꽉 채워 2시에 강의가 끝났고 내 강의를 들으러 온 사람들은 강의실 밖에서 내내 기다려야 했다. 나는 그들에게 일일이 특강 강의를 온 것인지를 묻고 상황을 설명하며 양해를 구했다.

정확히 2시에 강의실에 들어갈 수 있었다. 그런데 이건 또 무슨 일인가. 빔 프로젝터가 전혀 작동하지 않았고 그 원인을 대여해준 곳에서도 알지 못했다. 티를 내지는 않았지만 등줄기에 식은땀이 흘렀다. 강의 자료가 열리지 않거나 빔 화면을 띄울 수 없을 때가 가장 두렵다. 두렵다 못해 그 어떤 공포영화보다도 섬뜩하다. 다행히 빔 프로젝터의 연결 코드가 빠져 있는 것을 발견해서 무사히 강의를 진행할 수 있다.

그날은 강의 준비를 전혀 하지 못한 데다 정각에 시작하지도 못했다. 강사의 강의는 시간이 생명인데 정말 큰 실수를 한 것이다. 그날 강의에는 강의실에 일찍 도착해서 강사가 무엇을 준비해야 하는지에 대한 내용도 있었다. "오늘 참 제가 나쁜 사례를 보여드렸죠?" 하며 청중과 함께 웃어 넘겼지만 정말 큰 실수였다.

나는 USB가 전혀 작동하지 않아 강의 자료를 띄울 수 없는 상황을 대비해 강의 자료를 메일에도 넣어놓고 USB도 2개 챙기고 노트북도 직접 들고 다닌다. 강의 시작 전부터 준비가 미흡해 허둥지둥한 모습을 보인다면 청중은 강사에 대한 신뢰감을 잃은 채로 강의를 듣게 된다.

현장에서 갑자기 난처한 상황에 직면할 수 있다. 예상치 못한 변수가 생기더라도 당황한 모습이나 감정적인 모습을 드러내지 않도록 주의하자. 신뢰감을 잃을 뿐 아니라 강사 이미지마저 실추되고 말 것이다.

이외에도 강사가 강의 자료에 대한 숙지가 미흡하면 청중은 금세 알아차린다. 강사가 강의를 잘하는지 못하는지의 평가에 있어 청중은 누구보다 더 전문가다. 모든 강의 준비를 철저히 하도록 하자.

무의미한 사과를 하는 강사

간혹 강사 중에 너무 겸손한 나머지 "제가 오늘 강의를 잘 준비한다고 했는데 많이 부족한 것 같습니다" 같은 멘트를 할 때가 있다. 또 강의를 진행하면서 말이 꼬이거나 준비한 동영상이 제대로 재생되지 않으면 "죄송합니다"라고 사과하는 경우도 있다. 말이 꼬이면 천천히 또박또박 다시 말하고 넘어가면 되는 일이고 동영상이 재생되지 않으면 "동영상 재생에 문제가 있네요. 영상을 보는 대신 말로 설명드릴게요" 하고 유연하게 넘어가면 되는 일이다.

여기서 한 가지 팁을 주자면 동영상 문제는 정말 빈번히 발생하므로 반드시 강의실에 일찍 도착해서 동영상 재생을 확인해야한다. PPT자료에 넣은 동영상은 재생에 문제가 발생할 경우를 대비해 따로 USB에 동영상 파일만 담는 것이 좋다.

다시 무의미한 사과를 하는 실수 이야기로 돌아가자. 이와 관련하여 내가 '소통 대화법'을 주제로 강의할 때 제시하는 방법인 '쿠션어 화법'을 소개한다. 쿠션어 화법은 쿠션을 안은 것처럼 다소 오해의 소지가 있거나 건조하게 들릴 수 있는 말 앞에 '죄송합니다만', '실례합니다만',' 바쁘시겠지만', '번거로우시겠지만', '힘드시겠지만' 등의 쿠션어를 넣는 화법이다. 다음 예시를 보고 괄호 안에 어떤 쿠션어를 넣어야 할지 생각해보자.

잠시만 지나가겠습니다. (   ) 자리 좀 비켜 주실 수 있으세요?

어떤 쿠션어를 사용했는가? 수업 중에 물어보면 대부분이 "죄송합니다만"을 선택한다. 실제로 서비스업종에 있는 사람들을 보면 그렇게 사과할 일이 아닌데도 '죄송합니다만'이라는 표현을 자주 쓴다. 바쁜 상황에서 업무를 하고 있는 사람이라면 '번거로우시겠지만'이나 '바쁘시겠지만'을 사용할 수도 있다. 전혀 사과할 일이 아닌데 사과의 말을 하면 상대방은 '저 사람 자꾸 무언가를 실수하고 있나봐'라고 생각할지도 모른다.

어떤 강사는 강의를 진행하다가 "죄송합니다. 이 슬라이드에서는 이 이야기 말고 다른 이야기를 해야 하는데 쓸데없는 이야기를 했네요"라고 했다. 그런데 정작 강의를 듣는 나도 청중도 전혀 눈치채지 못했다. 모두가 관련 있는 이야기인 줄 알았다.

강사는 신뢰를 주는 사람이어야 한다. 그런데 강의 중 사과가 빈번하면 신뢰가 떨어져 강사의 주장도 설득력이 떨어질 수밖에 없다. 다만 강의를 부득이하게 늦게 시작했거나 늦게 끝냈을 때 같이 사과를 해야 할 때에는 해야 한다. 사과해야 하는 상황임에도 넘어갔다가는 태도 문제로 청중이 돌아설 수 있다.

주변 환경을 확인하지 않는 강사

강의를 준비하기 전 청중 분석과 함께 강의실 환경 분석은 필수다. 오프라인 강의에서는 음향장치와 마이크는 있는지, 빔 프로젝터를 사용할 수 있는지, PC나 노트북이 제공되는지 등을 체크하고, 온라인 강의에서는 마이크 상태, 스피커 음량, 음성 송출 등을 체크해야 한다.

강의실 책상 배치도 중요하다. 강의 내용 중에 조별 실습이나 토론이 있다면 극장형 강의실은 진행이 어려우니 다른 실습 형태로 변경해야 한다. 간혹 대규모 행사일 경우, 책상 없이 의자만 놓아두는 경우도 있다. 이때 종이에 무언가를 적거나 그리거나 하는 실습을 한다면 청중이 불편할 수밖에 없다. 또 강의에 오는 청중이 종이와 펜을 당연히 챙겨오겠거니 하는 생각은 접어라. 종이에 무언가를 적어야 한다면 미리 교육담당자에게 사전에 공지해달라고 부탁하자.

부적절한 표현을 사용하는 강사

강사 중에는 간혹 강의 진행에 필요해서, 유머를 위해서 욕이나 19금 발언을 하기도 한다. 요즘은 젠더 이슈에 민감하기 때문에 특히 주의해야 한다.

쇼맨십이 뛰어나 재미있는 강의를 하기로 유명한 한 남자 강사는 여자를 몸으로 표현하며 19금 유머로 청중에게 웃음을 선사한다. 폭소가 쏟아지며 강의실 분위기는 후끈 달아올랐다. 하지만 강의가 끝난 후 작성된 강의평가서에 몇몇 청중은 굉장히 불쾌함을 표했다.

아나운서 같은 인상으로 신뢰감을 주는 강사도 있고 개그맨처럼 웃음을 자아내는 강사도 있다. 그건 강사가 강의에 맞게 정한 강의 스타일일 수 있다. 하지만 문제가 될 수 있는 부적절한 언어 표현은 조심해야 한다.

우려먹는 강의, 발전 없는 일회용 강사

"저 강사는 매번 같은 말만 해서 식상해"라는 평가를 받은 강사가 실제로 있었다. 강의 주제는 다른데 매번 사례 스토리가 같아 준비성에 문제를 제기한 것이다. 강의 주제가 다르면 당연히 강의 내용도 달라야 한다. 게다가 강의 주제가 같다고 하더라도 강의 내용은 반드시 강의 때마다 수정해야 한다. 왜냐하면 같은 주제로 강의하더라도 청중이 군인, 학교선생님, 직장인, 학생 등으로 다르기 때문이다.

동영상 강의를 번거롭게 매번 촬영할 수는 없다. 어느 정도는 기업도 이해해서 이미 촬영해놓은 영상을 줘도 된다고 한다. 하지만 오프라인 강의나 라이브 강의라면, 청중에 따라 강의 자료의 일부를 그들이 공감할 만한 내용으로 바꿔보자. 가령 군인을 대상으로 강의한다면 군대 관련 이미지로 변경하고, 학생을 대상으로 강의한다면 8분마다 퀴즈나 게임 형식을 넣어 자료를 수정하는 것이다.

나는 오프라인 강의를 진행할 때 맹세코 단 한 번도 같은 자료로 강의한 적이 없다. 강의 자료를 강의한 기업의 이름으로 저장해두었다가 다시 강의 요청이 들어왔을 때 찾아본다. 이전에 진행한 강의에서 어떤 아이스 브레이크를 했고 반응이 어땠는지 확인할 수 있어서 같은 실수를 저지르지 않을 수 있다.

강의를 진행하다 보면 분명 꼼꼼히 체크했음에도 오타라든지 애니메이션 효과에서의 실수가 있다. 강의 중에는 어쩔 수 없지만 다음 강의에 지장이 없게 강의가 끝난 후 수정해야 한다.

강의 발전을 위해 어떤 강의를 했고 어떤 것이 부족했는지를 점검하고 개선할 점은 무엇인지 '강의 일기'를 적어보길 권한다. 어떤 걸 더하고 덜어내야 하는지, 청중의 반응이 시큰둥했던 부분에서 어떤 내용으로 변경할 수 있는지, 청중이 지루해지는 시점이 어디였고 어떤 스팟을 넣는 게 좋을지 적어두면 좋다.

강의 자료는 단 한 장이라도 업데이트한다. 매번 같은 내용으로 진행하기보다는 더 좋고 다양한 내용과 콘텐츠를 찾으려는 노력이 필요하다.

05
청중을 제대로 파악하는 것이 시작이다

1인 가구가 늘면서 1인 제품과 음식점이 늘고 있으며 꾸준히 성장하는 추세다. 도서관처럼 칸막이가 되어 있는 음식점, 1인 화로가 설치되어 있는 음식점도 있다. 한 배달업체 애플리케이션을 보면 메인 화면에 '1인분'이라는 글씨가 크게 쓰여 있다. 2인분 이상을 주문해야만 하는 불편함을 느끼는 고객의 니즈를 반영한 것이다.

대형 체인 카페보다는 가끔은 골목에 위치한 개인 카페에 가고 싶을 때가 있다. 내가 자주 가는 집 근처 카페는 1층과 지하층을 매장으로 쓰는데 1층은 편안한 분위기에서 대화할 수 있도록 꾸며져 있고 지하층은 도서관처럼 1인 칸막이가 있는 테이블 공간과 그룹 스터디를 할 수 있는 별도 공간이 마련되어 있다. 지하 매장은 조용한 분위기에서 노트북이나 태블릿으로 홀로 작업하는 사람이 많아서 일행과 함께 카페를 찾은 사람들은 지하에 내려 왔다가도 다시 1층으로 올라간다.

위 사례는 모두 '고객 니즈'에 대한 것이다. 기업은 고객의 마음을 헤아리고 고객에게 필요한 것을 채워준다. 강사도 마찬가지다. 청중의 니즈를 파악하고 그들이 듣고 싶어 하고 궁금해하는 이야기로 강의를 채우면 강의 평가가 좋을 수밖에 없다. 그래서 '청중 분석'이 중요하다.

청중 분석이 있고 고객 니즈가 있다

HRD용어사전을 보면 "청중 분석이란 교육과정이나 훈련 프로그램을 설계, 개발함에 있어서 참여자들의 성별, 나이, 직업 등의 인구학적 요소나 교육프로그램 참가의 목표나 이유를 조사, 분석하는 것으로 학습목표, 내용, 자료, 언어나 제시되는 예시 등이 적합한지를 판단하는 기준으로 사용된다"고 나와 있다.

청중 분석은 강의를 기획할 때 가장 중요한 부분이며 가장 먼저 해야 하는 작업이다. 청중 분석 없이 진행하면 방향성을 잃어버린 강의, 청중의 공감을 이끌지 못한 강의, 설득이 아닌 설명만 있는 강의가 될 수 있다. 목적과 목표를 상실해 강의를 망치고 만다.

다리가 불편한 작가가 자신이 가진 불편함을 어떻게 이겨냈는지에 대한 주제로 책을 냈고 출간 강연을 한다기에 참석했다. 청중은 작가의 지인이 절반, 나와 같은 독자가 절반이었다. 출판사 담당자가 책 관련 내용과 작가의 생각에 대한 질문을 하고 작가는 질문에 답하는 방식으로 강연이 진행되었다. 하지만 모든 주제가 장애인에 대한 인식과 관련된 것이었고 정작 내가 알고 싶어 했던 '시련을 어떻게 이겨냈는지'에 대한 스토리는 단 한마디도 없었다. 2시간으로 예정된 강연이었는데, 중간 쉬는 시간에 청중의 절반이 빠져나가버렸다. 청중 분석을 제대로 하지 않은 채 자신이 하고 싶은 이야기만으로 구성했기 때문이 아닐까.

중학교 3학년생을 대상으로 "꿈을 가져라"라는 주제로 작가가 되기까지의 경험을 나눈 적이 있다. 교육담당자는 진로에 관심이 있지만 어떤 것을 해야 할지 모르거나 꿈이 없는 아이가 많다며 인생 선배로서 조언해주길 원했다. 나는 같은 학년을 대상으로 비슷한 주제의 강연을 몇 차례 한 경험이 있었기 때문에 원활하게 강의를 준비할 수 있었다.

그런데 강의 당일 현장에 도착해보니 교육담당자의 실수로 중학교 1학년생 200명이 모여 있었다. 일단 준비한 내용으로 강의를 했는데 퀴즈나 게임 같은 실습이 있을 때만 잠깐 집중하는 듯했다. 이제 막 중학생이 된 아이들이 진로에 대한 관심이 있을 리가 없다. 청중 분석이 잘못되면 강의를 안 하느니만 못하다.

고객 니즈가 충족된 강의가 좋은 강의다

기업 강의 세계에서는 교육담당자가 강의를 망친 강사에게 강의료를 줄 수 없다며 클레임을 거는 경우도 있다. 강의를 망치게 되면 교육담당자도 책임이 따른다고 한다. 섭외능력, 기획능력이 없는 직원으로 낙인찍힌다는 것이다. 그래서 강사가 강의를 잘해서 청중의 반응이 좋으면 연신 고마움을 전한다.

청중이 만족 못하는 강의를 했다면 이후 그 기업에서는 두 번 다시 그 강사를 부르지 않을 것이다. 강의 현장 분위기와 강의평가서를 교육담당자가 확인하면 청중의 만족도를 판단할 수 있다. 고객 니즈가 충족되지 않은 강의를 계속한다면 오프라인뿐 아니라 온라인 강의에도 설 기회가 없을 것이다.

조금만 강의를 들어보아도 청중 분석을 얼마나 꼼꼼히 했는지, 얼마나 철저히 준비했는지 알 수 있다. 청중 분석부터 강의의 질이 결정된다. 내가 하고 싶은 말을 무작정 하는 강사는 그저 이야기꾼에 지나지 않는다. 기획이 잘된 강의는 청중 분석으로 그들의 니즈를 파악해 효용성을 갖춘 강의다.

06

청중 분석에 필요한 질문 10가지

청중이 만족하는 강의를 하려면 청중 분석이 먼저 이루어져야 한다. 청중 분석 질문 10가지를 소개한다. 하나하나 살펴보자.

1. 청중의 수는?

2. 청중의 남녀 비율과 연령대는?

3. 청중의 수준을 파악했는가?

4. 청중 중 핵심인물이 누구인가?

5. 청중의 마음을 역지사지로 생각했는가?

6. 청중이 공감을 가질 만한 내용을 준비했는가?

7. 청중에게 최근 이슈가 될 만한 사건이 있는가?

8. 청중의 현재 문제를 파악했는가?

9. 청중이 강의 주제에 대해 관심을 가질 만한가?

10. 청중의 태도와 특징을 충분히 파악했는가?

청중의 수는?

청중의 수를 파악해야 어떤 실습이나 아이스 브레이크를 준비해야 할지 가늠할 수 있다. 가령 청중이 100명인데 최고 승자를 가려내는 가위보위보 게임을 할 수는 없으니 말이다. 또 인원이 많으면 강의실이 넓을 것을 예상하고 마이크와 스피커 점검도 준비할 수 있다.

청중의 남녀 비율과 연령대는?

청중의 남녀 비율과 연령대를 바탕으로 공감할 만한 사례와 어휘 사용을 계획할 수 있다. 가령 60대 이상을 대상으로 하는 강의에서 10대가 사용하는 어휘를 구사하면 공감대를 이끌기는커녕 무슨 뜻인지 설명하느라 시간을 보내야 할지도 모른다. 청중의 연령대가 높으면 아이스 브레이크도 가볍고 쉬운 것으로 준비하는 게 좋다.

또 청중의 연령대가 다양하고 남녀 비율이 비슷하면 '청중 가르기' 기법을 사용할 수 있다. '청중 가르기'란 청중 모두가 동질적이라고 가정할 수 없을 때 청중을 집단으로 가르기 해서 취급하는 것이다.

예를 들면 군대 간부들을 대상으로 강의를 진행한다고 하자. 그들은 군대 간부라는 소속집단으로 하나의 청중이지만, 결혼 유무로는 기혼일 수도 있고 미혼일 수도 있다. 또 성별로는 남자일 수도 있고 여자일 수도 있다. 군대에 남자만 있을 거라는 생각으로 강사가 '남자' 키워드만 자꾸 꺼내면 여자 군인은 소외감과 불쾌감을 느낄 수 있다. "여러분 중에 남자 분들은 남편으로서 이렇게 생각할 수 있고, 여자 분들은 아내로서 또 이렇게 생각할 수도 있을 겁니다"라는 가르기로 모두를 챙겨야 한다.

청중의 수준을 파악했는가?

여기서 말하는 수준은 강의 주제 관련 지식 수준, 학업 수준, 경험 수준 등 범위가 포괄적이다. 수준이 높은 청중에게 난이도를 낮춰 설명하면 그들은 자신을 무시한다고 느낄 수 있다. 강의 주제와 관련해 기존에 다른 강사의 강의를 들은 적이 있는지, 들었다면 언제, 어떤 내용으로 들었는지 파악하는 것이 좋다.

또 교육담당자가 같은 주제로 강의를 의뢰할 수도 있다. 전에 진행했던 강의에 만족하지 못했을 수도 있고, 그때보다 심화과정의 강의를 원할 수도 있다. 강의를 진행하는 강사 기준에서 최대한 상세하게 파악해 강의 수준을 결정하자.

청중 중 핵심인물이 누구인가?

나는 방송연예과를 전공했는데, 실기시험으로 연기와 특기를 준비해야 했다. 내세울 만한 특기가 없어 걱정이었다. 실기시험을 보기 위해 순서를 기다리는데 한 선배가 "오늘 실기 심사위원으로 배우 전무송 교수님이 오셨습니다. 참고하시고 실기 잘 보세요"라고 했다. 내 차례가 됐고, 연기 실기를 한 후 제대로 준비하지 못한 특기를 보여줘야 할 때가 왔다. 그때 번뜩 아이디어가 스쳤다. 나는 준비해온 특기 대신 이렇게 애드리브를 했다.

"사실 저는 8시만 되면 모든 버스가 끊기고 가로등도 몇 개 없는 컴컴하고 작은 시골에서 자랐습니다. 그러다 보니 딱히 특기도 개발할 만한 것이 없었습니다. 특기는 아니지만 노래 하나 하고 가겠습니다. '비 내리는 호남선~남행열차다!' 이것이 바로 요즘 유행하는 전무송이 아닌 허무송입니다. 감사합니다."

심사위원들이 일제히 웃음을 터뜨렸다. 그 자리에 와 있는 심사위원의 이름을 넣어 현장에서 재치 있게 보여준 모습에 큰 점수를 받았고 나는 그 대학에 합격할 수 있었다.

청중 중에 핵심 인물을 알면 강의 진행에 도움이 된다. 핵심인물을 통해 웃음을 자아낼 수도 있고, 사례를 들 수도 있고, 답변을 이끌어낼 수도 있다.

가령 전 직원을 대상으로 강의한다고 하면 임원이나 대표도 참석하는지를 묻고 참석한다면 적재적소에 임원이나 대표를 예시로 들거나 질문을 하고 답변을 받아보자. 그러면 더 많은 웃음이 터질 것이다. 다만 임원이나 대표가 열린 마음인지는 고려해야 한다.

청중의 정보가 없다면 강의실을 둘러보고 청중 중에 나이가 있고 얼굴에 장난기나 포스가 있는 사람을 찾아보자. 혹은 강의 중에 다른 청중보다 특별히 더 잘 웃고 대답을 잘해주는 사람을 핵심인물로 선정해도 좋다.

청중의 마음을 역지사지로 생각했는가?

2007년 대선 당시, 오바마와 힐러리가 같은 장소에서 같은 사람들에게 한 시간 간격을 두고 연설하기로 예정되어 있었다. 먼저 연설장에 도착한 오바마가 연설을 시작했다. 한 시간 예정이었던 연설을 어쩐 일인지 20분 만에 마쳤다. 그의 연설이 끝나고 시간에 맞춰 힐러리가 도착했다. 힐러리는 한 시간을 훌쩍 넘겨 30분을 더 진행했다. 두 후보의 연설이 진행된 장소는 워낙 협소해 모든 청중이 의자에 앉을 수 없었고, 일부는 두 후보의 연설이 끝날 때까지 서 있어야 했다. 오바마는 사람들의 불편함을 헤아려 연설을 짧게 마친 것이다.

강의를 진행할 때 청중의 입장에서 생각해야 한다. '현재 놓인 상황에서 가장 필요한 이야기가 무엇일까?', '강의 주제를 보고 가장 듣고 싶어 했을 이야기가 무엇일까?', '자발적으로 신청한 것일까?', '강제로 듣게 된 것일까?', '기대 이상으로 좋았다고 느끼게 할 방법은 무엇일까?' 등을 고민해보자.

청중이 공감을 가질 만한 내용을 준비했는가?

아로마 자격증을 취득한 후 엄마들을 상대로 강의를 해야 하는 예비 강사들을 코칭했을 때의 일이다. 나는 '엄마로서 공감할 만한 자신만의 스토리'를 준비해오라는 과제를 내주었다. 그러자 미혼 여성과 자녀가 없는 기혼 여성은 난감해했다.

청중과의 공감이 중요하다면, 가령 미혼이거나 아이가 없는 기혼 남녀는 아이 관련 주제로 강의할 자격이 없는 걸까? 『아들맘 육아 처방전』의 저자 고용석은 미혼 남성이다. 그런데 자녀교육서를 썼다. 사실 그의 직업은 남자아이 전문 미술 강사다. 사실 강의 주제에 대해 강의할 만한 지식을 갖추었다면 자격은 이미 충분하다.

앞서 아로마 강의를 예로 들어보자. 육아 경험이 없는데 거짓말을 하면 금세 탄로 나기 십상이다. 솔직하게 미혼임을 밝히고 뉴스, 통계, 칼럼 등 객관적인 자료와 자녀를 둔 주변 사람들의 사례를 활용할 수 있다. 청중의 궁금증, 공감거리를 염두에 두는 게 핵심이다.

청중에게 최근 이슈가 될 만한 사건이 있는가?

강의가 잡혔다면 강의 대상과 그들이 관심 있어 할 최근 이슈를 조사하면 좋다. 가령 태풍 피해가 있던 지역이라면 안부를 물을 수 있고, 기업 강의라면 해당 기업의 히트 상품이나 신제품에 대해 이야기한다. 라포르 형성은 물론이거니와 준비성이 엿보여 청중에게 신뢰를 줄 수도 있다.

청중의 현재 문제를 파악했는가?

강의 의뢰는 보통 2가지 유형이 있다. 청중의 문제 상황을 말하며 필요한 강의 주제를 제안해달라고 하는 경우나 처음부터 강의 주제를 정해주는 경우다.

첫 번째 유형으로 의뢰가 들어오면 인터뷰를 통해 청중을 분석하고 교육담당자와 협의해서 주제를 결정하고 이를 토대로 커리큘럼을 작성한다. 강의 전 이메일로 보내 서로 한 번 더 확인한 후에 본격적으로 강의 자료를 제작한다.

두 번째 유형으로 의뢰가 들어오면 청중이 어떤 문제를 겪고 있는지를 구체적으로 묻는다. 그래야 청중이 필요로 하는 내용으로 강의를 기획할 수 있기 때문이다.

어떤 유형의 의뢰든 무엇을 변화시키고 싶은 것인지, 어디까지 변화시키고 싶은지 목표를 반드시 파악해야 한다. 다만 교육담당자의 말을 전적으로 신뢰해서는 안 된다. 교육담당자도 사람이기 때문에 자신의 기준에서 평가하고 파악한다. 그 기준이라는 것이 100% 객관적일 수 없으므로 교육담당자가 언급한 문제 위주로만 강의를 구성할 게 아니라 누구에게나 필요한 내용들을 함께 담는 것이 좋다.

예를 들어 '직원들끼리 서로 갈등이 심하다'가 문제라고 해보자. 회사 내에서 인간관계 갈등을 겪지 않았더라도 모든 사람은 살면서 인간관계 갈등을 겪은 경험이 있을 것이다. 그러한 부분을 같이 다루며 공감을 얻을 수 있다.

또 교육담당자의 말을 듣고 '그들의 문제'로 생각하다 보면 강의 중에 말실수를 할 수 있으니 주의해야 한다. "제가 듣기로 여러분이…"라고 표현해 문제를 드러내게 되면 교육담당자가 곤란에 처할 수 있다.

청중이 강의 주제에 대해 관심을 가질 만한가?

강의의 큰 주제는 작은 주제로 나뉜다. 예를 들어 '스트레스'는 강의하기에 주제가 너무 광범위하다. 작은 주제로 나누는 것이 좋다. 청중 분석을 통해 '스트레스를 어떤 방식으로 풀 것인가?', '어떤 방식으로 기획하는 것이 타깃 청중에 맞는 방법일까?'에 대한 답을 생각하며 강의 내용을 구성하면 될 것이다. '콜센터 직원'을 대상으로 '스트레스' 강의를 진행한다면 어느 정도 강의 구성을 가늠할 수 있지 않겠는가.

서론에 성희롱부터 시작해 욕설을 내뱉는 고객 사례로 마음을 다독여주어 공감을 형성한다. 그다음에 스트레스 극복 방법을 본론에 담는다. 고객유형별로 특징을 파악해 어떻게 응대해야 하는지에 대한 방법을 제시하거나 진상고객 때문에 극심한 스트레스를 받았을 때 어떻게 스트레스를 날려버리는지에 대해 다룰 수도 있다. 중요한 것은 청중이 그 내용에 공감하느냐, 실제 도움이 되느냐, 관심을 가질 만하느냐다.

청중의 태도와 특징을 충분히 파악했는가?

한 중소기업에서 강의 의뢰가 들어왔는데, 평일 저녁 6시 강의를 원했다. 그래서 담당자에게 "혹시 퇴근 후 강의를 듣는 건가요?" 하고 물었다. 그러자 교육담당자가 한숨을 쉬더니 "그렇게 됐습니다. 대표님이 업무 마감 후에 진행하기를 원하셔서요"라고 했다. 나는 순간 '직원들이 얼마나 강의를 듣기 싫을지'부터 생각했다. 그들의 표정, 말투, 태도가 예상됐다.

강의 주제는 '직장생활 매너'였다. 뻔한 내용이라 자칫 정말 재미없고 지루한 잔소리가 될 수 있다. 나는 즐겁고 재미있는 강의가 되려면 어떻게 할지를 고민했고 레크리에이션 요소를 접목해 구성하고 선물도 많이 준비했다.

불행 중 다행으로 대표는 다른 일정으로 참석하지 않았고 나는 퇴근 이후에 강의를 들어야 하는 직원의 심정을 헤아려주며 강의를 시작했고 청중과 성공적으로 소통할 수 있었다.

아직 강의를 진행한 경험이 없다면 청중 분석이 어느 정도로 중요한지 감이 안 잡힐 수 있다. 청중과 부딪히다 보면 깨닫게 되는 날이 온다. 그래도 소 잃고 외양간 고치는 것보단 미리 대비하는 게 현명하지 않을까.

07

늘 처음인 것처럼
강의 무대를 두려워하라

경험이 적으면 강의 무대가 두려울 것이다. 그래서 오히려 강의 준비와 진행에 더 많은 시간과 노력을 쏟는다. 문제는 어느 순간 강의가 익숙해지고 경험이 쌓여서 강의 준비와 진행에 소홀해지는 것이다. 그중에는 '나 강의 좀 해봤다'는 자만심으로 강의를 망치는 경우도 있다. 경력과 경험이 많아져도 초심은 잃지 말아야 한다. 강사로 사는 이상은 공부가 계속되어야 한다.

나는 처음 강의를 할 때 지겹다 못해 토하기 직전까지 리허설을 했다. 화장품 제품 강의였는데, 청중은 이제 갓 한 달된 나보다 훨씬 경험 많은 베테랑 판매원이었다. 강의 주제와 관련된 지식을 탄탄히 하려고 부단히 노력했다. 또 주어진 강의 시간보다 너무 짧거나 길어도 안 됐기에 타이머를 맞추고 여러 번 연습했다.

확신이 서고 떨리지 않고 설렐 때까지 연습했다. 첫 강의는 여러 번 강의해본 사람처럼 여유 있게 마칠 수 있었다. 강의가 익숙해지고 긴장이 풀려 준비를 소홀히 하면 어김없이 실수가 나왔다. 청중은 몰랐더라도 강사인 나는 알지 않는가. 강의 하루 전날은 초보 때처럼 치열하지는 않더라도, 다음을 참고해 강의 내용을 꼼꼼히 체크해보자.

강의 주제에 대한 충분한 지식 습득

나는 코칭할 때 인터뷰에 공을 들인다. 이때 어떤 주제든 그것을 어떻게 풀어나갈지를 구체적으로 물어보며 강의의 뼈대를 잡을 수 있도록 한다.

한 대학 교수의 강의를 코칭했을 때의 일이다. 방사선과 교수였는데 자유 주제로 강의를 하게 되었고 '통찰력에 대해 뇌를 소재로 풀고 싶다'고 했다. 나는 왜 그 주제를 선정했는지, 그 주제를 다룰 만한 경험이나 일화가 있는지, 뇌와 통찰력에 관한 지식이 얼마나 풍부한지에 대해 인터뷰했다. 왜냐하면 그 주제를 다루는 이유가 있어야 전달할 메시지가 명확해지고, 그 주제를 다룰 수 있는 자격을 드러내야 강의에 설득력이 실리기 때문이다.

통찰력을 알기 쉽게 설명할 수 있는지, 통찰력이 왜 필요한지, 통찰력을 키우는 방법은 무엇인지 물었다. 명확하게 답을 제시하지 못한다면 강사 본인조차 통찰력을 제대로 이해하지 못한 것이라고 설명했다. 그리고 통찰력 관련 서적을 읽고 자료를 검색하라고 권했다.

주제 관련 공부가 제대로 되지 않았다면 강의 무대에 서는 것을 미루라고 말하고 싶다. 강사는 청중의 귀한 시간을 앗아가는 사람이 되어서는 절대로 안 된다는 것을 명심해야 한다.

강의 자료의 철저한 준비

자료의 시각 이미지는 형편없어도 내용을 잘 풀어내는 강사라면 신뢰를 얻겠지만 청중의 모든 감각을 이용하면 훨씬 좋은 강의를 진행할 수 있다. 화려한 디자인보다는 슬라이드에 사용하는 색상, 이미지, 배열만 잘해도 충분히 시각적으로 좋은 자료가 된다.

시각적인 이미지보다 더 중요한 것은 자료의 순서, 구성, 내용이다. 가끔 자료를 보면 텍스트가 거의 없고 이미지로만 이루어진 경우가 있다. 이미지만 필요한 강의도 있지만 청중은 금세 알아차린다. 강사가 강의 자료에 소홀했는지 아니면 스티브 잡스와 같이 시각적인 자료를 만드는 사람인지 말이다.

사람은 그림과 텍스트가 함께 있을 때 더 쉽게 이해하고 오래 기억한다. 교육심리학자 리처드 메이어(Richard E. Mayer)는 〈멀티미디어 학습에 대한 인지이론〉이라는 논문에서 글과 그림을 따로 보여주지 말고 가까이 배치하는 근접성의 원칙을 이야기한다. 글과 그림을 따로 보여준 그룹의 학생보다 글과 그림이 함께 실린 자료를 보여준 학생이 75%나 더 나은 성적을 올렸다.

글과 그림을 적절하게 배치하여 주제를 간결하게 표현해야 한다. 간혹 강의 자료를 커닝페이퍼로만 활용하는 강사도 있다. 간결한 문장도 아닌 서술형 자료를 그대로 읽어 깜짝 놀란 적도 있다. 준비도 없이 읽기만 할 거라면 강의 자료를 그대로 배포하고 끝내는 게 청중의 시간을 지키는 게 아닐까.

PRD리허설

PRD리허설은 PPT리허설, Real리허설, Dress리허설의 앞 글자만 따서 내가 만든 용어다. 강의 경험이 부족할수록 PRD리허설을 철저히 해야 한다. 단계별로 살펴보자.

PPT리허설은 자료 제작이 모두 끝난 후 앉은 상태에서 한 장 한 장 슬라이드를 보며 읊어보는 방식이다. 주제에 벗어난 자료를 빼고 필요한 자료를 추가하고 배열을 점검한다. 강의 흐름이 원활하도록 수정 작업을 한다. 해당 슬라이드에 어떤 멘트를 할지 구상하는 작업이기도 하다. 더 이상 수정할 곳이 없고 어느 정도 멘트를 정했다면 이제 Real리허설을 진행한다.

Real리허설은 실제 강의처럼 진행해보는 것이다. 서서 청중과 눈을 마주쳐보고, 제스처를 해보고, 강조할 메시지에 힘을 실어보는 등 실전처럼 강의해본다. 이때 소요시간도 체크해본다.

Dress리허설은 Open리허설이라고도 하는데 가족이나 친구를 앉혀 놓고 강의한 후 평가를 들어보는 것이다. 피드백은 강의에 반영해도 좋다. 이때 당일 입을 옷을 입어보고 제스처를 할 때 팔의 움직임이 부자연스러운지 체크해보면 좋다.

강의 무대에 서는 사람은 강사이지만 청중이 없으면 강의 무대도 없다. 특히 편집이나 재촬영이 어려운 생방송 온라인 강의와 오프라인 강의는 준비를 철저히 해야 한다. 강사는 강의 무대를 바라보는 청중을 두려워해야 한다.

08
앙코르 강의를 부르는 강사의 태도

앙코르 강의 요청을 받으면 강사로서 인정받은 것 같아 행복하다. 강의 내용도 좋아야 하지만 강사의 태도도 중요하다. 청중과 친밀감 형성도 잘하면서 강의 내내 밝은 에너지를 뿜어낸다면 교육담당자를 비롯해 청중도 또 보고 싶다는 요청을 할 수밖에 없다. 다음은 내가 정리한 앙코르 강의를 부르는 강사의 태도다.

강의실에 1등으로 오고 꼴찌로 나가는 강사

나는 강박에 가까울 만큼 여러 번 시간 계산을 하고 1시간 30분에서 2시간의 여유를 두고 강의 장소에 도착한다. 강의실에 1등으로 도착해 강의 준비를 하는 모습은 그 자체로 청중에게 신뢰를 준다.

강의가 끝나면 짐 챙겨서 후다닥 사라지는 강사가 있다. 강사는 꼴찌로 나가는 것이 좋다. 온라인 강의에서도 따로 담당자의 지시가 없는 한 마지막에 퇴장하는 것이 좋다. 질문하거나 사진을 찍고 싶어 하는 청중이 있을 수 있다.

단 5분이라도 일찍 끝내는 강사

"프로 강사는 단 5분이라도 일찍 끝내는 강사다"라는 말이 있다. 간혹 강사 중에는 종료시간이 지났는데도 '이것만큼은 꼭 알아야 한다'며 안 끝내는 이도 있다. 표현은 안 해도 청중은 속으로 불만을 토로하고 있을 것이다. 강사 입장에서나 중요하지 청중은 지금 강의가 빨리 끝나는 것이 중요하다.

시간에 딱 맞춰 끝내기보다는 단 5분이라도 일찍 끝내자. 미리 교육담당자와 청중과 상의하여 강의가 1시간이라면 5분 일찍, 2시간 이상의 강의라면 10분 일찍 끝내는 것이 좋다.

재밋거리를 준비하는 강사

교육담당자들의 요청 중 빠지지 않는 게 '재미있게', '지루하지 않게'다. 청중이 '벌써 시간이 이렇게나 지났어?' 느낄 만큼의 재미

요소가 필요하다.

성인의 집중시간은 보통 20분 정도다. 20분이 지나면 뇌가 쉴 수 있도록 해야 한다. 요즘은 20분도 너무 길다. 10분마다 재미 요소를 강의 중간중간 배치해 지루할 틈 없이 진행하는 것이다. 퀴즈나 게임, 종이에 적거나 그리는 활동, 조별 실습 등 다양하다. 나는 이런 재미 요소를 '10분 폭탄'이라고 부른다.

어떤 흥밋거리로 청중을 즐겁게 할 것인지 고민해야 한다. 질문을 통한 청중과의 소통도 흥밋거리가 된다. 내내 앉아 있더라도 대답할 기회가 있으니 청중도 할 일이 생긴 것이다. 강사가 그 상황을 재미있게 이끌어가는 센스가 필요하다. 센스와 쇼맨십이 없더라도 사진 한 장으로 동영상 하나로 웃음을 터뜨릴 수 있다. '어떻게 하면 재미있는 강의가 될지' 고민해보고 다양한 방법을 시도해보자. 다만 재미 요소에 너무 공을 들이면 자칫 강의 흐름이 끊길 수 있으니 주의한다.

강의실에 빈손으로 가지 않는 강사

나는 강의실에 갈 때 청중의 선물을 챙겨서 간다. 청중이 많거나 강의료가 적은 경우에는 인원수대로 선물을 준비하는 건 무리다. 아이스 브레이크 퀴즈용 선물, 강의 중간 퀴즈용 선물, 질문에 대답을 잘해주는 청중용 선물 등을 적절히 준비한다. 비싼 것이 아니어도 좋다. 2,000원 하는 양말이나 3자루에 1,000원 하는 볼펜도 좋다. 청중은 선물의 값어치보다 보상이라는 것 자체에 기뻐한다.

온라인 강의에서는 사실 어렵기도 하다. 동영상으로 촬영한 강의에서는 퀴즈를 내고 메일이나 카톡으로 답변을 받고 가장 먼저 답변을 주는 사람에게 선물을 주는 식으로 할 수 있다. 온라인 라이브 강의라면 기프트 쿠폰을 날려줄 수 있다. 선물하고자 하는 의지만 있다면 얼마든지 방법은 있다.

선물에 의미를 부여하면 더 좋다. '창의적인 창업'을 주제로 강의하는 강사를 코칭한 적이 있는데 그는 아이스 브레이크 퀴즈용 선물로 지우개를 줬다. "창의적인 생각은 스마트 기기보다 종이에 연필로 메모할 때 더욱 잘 떠오른다고 합니다. 연필로 끄적이고 지우고 하실 때 쓰세요", "창의적인 생각은 기존의 고정관념과 같은 생각을 버릴 때 비로소 떠오르지 않을까 싶습니다. 낡은 고정관념부터 지우시라고 지우개를 선물로 드리겠습니다" 하고 의미와 함께 전달했다. 그러면 500원짜리 지우개가 마치 의미 있는 지우개처럼 느껴지리라.

마음을 표현하고 마음으로 강의하는 강사

내가 어떤 마음으로 강의하고 있는지, 내가 느낀 청중의 긍정적인 모습이 어떤 것인지를 중간중간 드러내고 칭찬한다. 내가 칭찬하는 순간, 청중의 표정은 부드럽게 풀어진다. 진심으로 하는 칭찬임을 굳이 강조하지 않아도 다 알아챈다.

대구의 한 디지털 진흥원에서 창업자들을 대상으로 프레젠테이션 강의를 한 적이 있다. 창업 아이템을 프레젠테이션 형식으로 진행하는 전국 대회를 대구시에서 진행한다고 했다. 프레젠테이션 기획부터 발표까지 4시간 안에 모든 걸 마쳐야 해서 아무래도 조별로 일대일 코칭 형식으로 진행하는 게 좋을 것 같았다. "제 강의 계획서입니다. 한 조 한 조 모두 기획 부분을 더 집중해서 코칭해드리고 싶은데 오늘 시간이 부족하니 쉬는 시간은 따로 안 드리겠습니다. 다른 조 코칭 중일 때 편하게 화장실 다녀오시면 됩니다" 하고 강의 계획서를 나눠주며 미리 양해를 구했다.

나는 4시간 동안 화장실 한 번 가지 않고 그들이 대회에서 좋은 결과를 얻길 바라는 마음으로 최선을 다해 강의했다. 나중에 알게 되었는데, 그중 한 팀은 대구시 1등을 해서 서울 본선에 진출하게 되었단다. 교육담당자와 대구시는 그 팀이 서울에서도 좋은 결과를 얻을 수 있도록 내게 다시 일대일 코칭을 의뢰했다.

예산이 정해져 있어 1시간만 의뢰했는데 코칭은 1시간만으로는 턱없이 부족했다. 그래서 믿고 또 맡겨주어 감사하다며 1시간 금액으로 2시간 코칭을 했다. 그 팀은 결국 서울시 본선 5명에 뽑혀 입상을 했다. 대구시는 또다시 대회가 진행될 때마다 내게 강의를 맡기겠다고 약속했다. 결과도 결과지만 마음을 다한 강의가 인정받아 보람이 있었다.

부정적인 감정을 드러내지 않는 강사

특강을 듣던 중 경험한 일이다. 청중 중에 한 사람이 강사가 하는 말에 계속해서 반대의견을 냈다. 강사는 기분 나쁘다는 표정으로 청중과 논쟁했고 결국 "저와 생각이 너무 다르신 분이네요. 그렇다면 다음 내용의 강의도 도움이 되시지 않을 것 같은데 가셔도 좋습니다" 하고 말했다. 그 사람은 곧바로 자리에서 일어나 강의실 밖으로 나가버렸다.

나는 사실 그 사람보다 강사의 의견에 동의했고, 다른 사람들을 배려하지 않고 강사의 강의를 자꾸 막는 그의 태도가 탐탁지 않았다. 내가 알고 싶은 내용을 듣는 시간이 줄어드는 게 싫어서 그 사람이 제발 그만하기를 내심 바라고 있었다. 하지만 그 사람을 쫓아내는 듯한 강사의 말을 듣고 강사에게 실망했다. 의연하게 대처하지 못하고 함께 휘말려서 다른 청중을 배려하지 않았기 때문이다. 그 사람이 나가버리고 나서 강의 분위기는 걷잡을 수 없이 싸해졌고 표현은 안 했지만 나를 비롯한 다른 사람들도 강사에게 실망한 듯 보였다.

부정적인 감정을 쉽사리 드러내면 프로 강사로서 인정받지 못한다. 청중은 강사의 고객이다. 부정적인 감정을 함께 드러내기보다는 불만고객도 내 편으로 만드는 내공 있는 강사가 되길 바란다.

밝고 친절한 강사

청중의 시선은 앞에 서 있는 강사에게 향한다. 강사에게 눈과 귀를 열어놓은 청중은 어느새 강사를 닮는다. 축 처진 목소리의 강사라면 청중도 그를 닮아 함께 처진다. 밝은 에너지를 뿜는 강사라면 청중도 그를 닮아 함께 밝아진다.

스피치에 힘이 있고 강의 내내 밝은 표정이어서 긍정적인 기운을 주는 강사는 인기가 많다. 더욱이 온라인 강의는 오프라인 강의보다 현장감이 떨어져 쉽게 지루해할 수 있으므로 강사의 에너지, 표정, 말의 속도 등이 더욱 중요하다.

친근감 있는 강사

주인공처럼 등장해서 강의 중에 친한 척하더니 쉬는 시간이나 강의 후에는 쌩 하고 벽을 치는 강사는 매력 없다. 급한 볼 일이 없다면 쉬는 시간에는 청중과 가볍게 소통하면 좋다. 강의 전, 쉬는 시간, 강의 후에 한결같이 친근하고 싹싹하게 대하면 청중은 사람 대 사람으로서 강사를 좋아할 수밖에 없다.

강의료와 상관없이 필요로 하는 곳을 찾는 강사

한 센터에서 시각장애인을 대상으로 뷰티 강의를 한 적이 있다. 아예 안 보이는 것은 아니고 가까이 보면 어느 정도 인식하는 시각장애가 있는 친구들이었다. 모두 20대 초반의 여성이었는데, 단순한 뷰티 강의라기보다는 사회생활을 할 때 자신감을 더욱 높여주려는 목적이 있는 강의였다. 사실 강의료는 많지 않았지만 무언가 돕고 싶다는 마음으로 기쁘게 강의를 수락했다.

앞이 잘 보이지 않아 눈썹도 삐뚤게 그리고 꼼꼼하게 피부화장을 할 수 없다고 했다. 나는 그 친구들에게 좀 더 아름다워지는 방법을 알려주는 것을 목표로 했다. 6주 강의의 마지막 날, 나는 그들에게 가장 예쁜 옷을 입고 오라고 했다. 그리고 선물로 한 명 한 명 속눈썹을 붙여주었다. 센터에 있는 모든 선생님 앞에서 모델처럼 런웨이를 하도록 했다. 처음에는 쑥스러워했지만 다른 선생님들의 계속되는 칭찬에 점점 긴장을 풀고 함께 사진을 찍으며 즐거워했다.

교육담당자는 그들의 긍정적인 변화에 기뻐하며 내게 스피치 강의도 의뢰했다. 스피치 수업이 끝난 후에는 연말행사 무대에 올라 연습한 것을 발표하기로 했는데 행사 전 리허설까지 수업을 진행했다. 앞이 잘 보이지 않아 멘트를 외워야 해서 비장애인보다 힘들 법도 한데 무대에서 자신감 있게 해내는 친구들을 보고 눈물이 왈칵 쏟아졌다.

교육담당자는 강의 이후 낯선 환경, 낯선 사람들 앞에서도 먼저 이야기하려고 하고 더 밝아졌다면서 고마움을 전했다. "저희가 드리는 강사비가 강사님이 다른 기업에서 받는 것과는 많은 차이가 있다는 것을 압니다. 저희 장애인 센터에 오셔서 강의한다는 것은 마음이 아니면 절대 할 수 없다는 것도 압니다. 그런 마음을 알기 때문에 너무 고맙습니다."

순수한 친구들 앞에서 강의하며 배움을 얻어 나 또한 고마운 마음뿐이었다. 돈으로도 살 수 없는 보람과 행복이었다. 강의료를 따지기보다 내 강의를 필요로 하는 곳에서 강의하는 데 중점을 두면 어떨까.

09
강의 무대를 진심으로 즐길 때

현대인의 우울증에 긍정심리 치료는 놀라운 효과가 있다고 한다. 긍정심리학은 인간의 탄생에서 죽음까지 그 사이에서 일어나는 모든 사건과 경험에 있어 좋은 삶과 올바른 삶, 선한 삶, 최상의 삶이 무엇인지 과학적으로 연구하는 학문이다.

'플로리시(Flourish)'는 긍정심리학의 목표다. 플로리시란 좋은 생각이나 감정, 행동, 모든 능력이나 잠재 능력까지 활짝 꽃 피우게 하는 것이다. 한편 웰빙(Well-being)은 육체적·정신적 건강의 조화를 통해 행복하고 아름다운 삶을 추구하는 삶의 유형이나 문화를 통틀어 일컫는 개념을 말한다.

결국 '플로리시를 위한 웰빙 강사'는 '좋은 생각, 감정, 행동 등의 육체적·정신적의 건강의 조화를 통해 행복한 삶을 살며 모든 잠재능력까지 발휘해 꽃처럼 활짝 핀 듯 올바르고 선하며 최상의 삶으로 청중들에게 늘 좋은 에너지를 전하는 강사'라고 할 수 있다.

가면을 벗을 수 있는 용기

사람들 앞에 서는 직업이다 보니 마음은 우울해도 강의 중에는 웃는 가면을 쓰는 강사도 있다. 그렇게 강의가 끝나고 무대에서 내려와 다시 자신의 삶으로 들어가면 이내 곧 우울하고 부정적인 감옥에 갇힌다.

나는 2014년에 인생 최대의 시련을 겪었다. 힘든 일이 한꺼번에 불어닥쳐서 속이 뜨거운 물을 삼킨 듯 후끈거림이 심했고 숨이 잘 쉬어지지 않아 응급실을 몇 번이나 실려 가며 신경안정제를 맞아야 했다. 그렇게 3개월을 우울함 속에서 지냈다.

어느 날 거울 속의 나와 눈이 마주쳤다. 굉장히 낯선 인상이었다. 사납고 우울한 내가 있었다. 누가 봐도 마음이 많이 아파 보이는 얼굴이었다. 나는 이제 더 이상 강사를 할 수 없을 것 같았다. 그 당시에는 서비스를 주제로 강의했는데 나 스스로가 웃지 못하고 사는 상황에서 다른 사람에게 표정이 중요하니 웃으라고 할 수 있겠나 싶었기 때문이다.

그럼 난 어떤 일을 해야 할까? 없었다. 아프다가도 강의를 하고 무대에서 내려오면 언제 그랬냐는 듯 좋은 에너지를 얻는 나였다. 강사의 일을 누구보다도 좋아하고 사랑해서 그 일을 놓을 수가 없었다. 그래서 변하기로 마음먹었다.

나는 내향성 타입이다. 누군가에게 기대어 나를 치유하고 싶지는 않았다. 오로지 혼자서 이겨내고 싶었다. 마음의 힘, 회복탄력성을 높여줄 책을 미친 듯이 읽어댔다. 한 달에 30~50권의 책을 읽었다. 단순한 독서가 아니라 마음공부를 한 것이다.

나는 우울감에서 빠져나오려고 노력했으며 체력을 기르기 위해 운동도 시작했다. 마음이 무너지는 이유가 체력이 무너져서라는 글귀를 본 이후였다. 그렇게 몇 달이 지났을까. 나는 전보다 훨씬 더 여유 있고 부드러운 인상으로 변했다. 또 쉽게 무너지지 않는 탄탄한 내공도 생겼다. 그 덕인지 강의실에서 부정적인 의견을 제시하는 사람을 만나도 긍정적으로 생각할 수 있게 되었다.

긍정적인 나비효과가 되도록

지금 그때를 돌아보면 그렇게 힘들었던 이유는 내 그릇이 부족해서였던 것 같다. 나를 아프게 했던 사람들은 내 인생 시나리

오에서 그저 '나를 성장하게 하는' 역할을 맡은 배우라고 생각하자 그 사람을 이해하고 미워하지 않을 수 있었다. 내 아픔은 이제 훌륭한 강의 콘텐츠가 되었다. 어떤 주제의 강의든 내 스토리를 들려주며 약점을 과감하게 드러내면 청중은 내게 마음을 열었다.

강사는 좋은 사람이어야 한다. 건강한 마음은 인성과 태도에서 드러난다. 강사의 강의를 듣고 누군가는 더욱 힘을 내기도 하고 누군가는 더욱 부정의 늪으로 빠져 버릴지도 모른다. 말의 힘은 강력하다. 강사의 말과 강의 내용은 청중에게 분명 영향을 미친다.

강의하고 강의료만 받는 사람이 아니라 자신의 강의로 청중에게 더 나아가 사회에 도움이 되는 역할을 하는 사람이 강사라는 사명감을 가졌으면 한다. 강사의 진심 어린 강의가 한 사람, 한 집단, 한 사회에 영향을 미치는 나비효과를 불러일으킬 수 있다. 그런 사람이 바로 강사다.

『플로리시』의 저자 셀리그만은 플로리시를 위한 웰빙이론으로 팔마(PERMA)를 이야기한다. 이는 기쁨, 희열, 따뜻함, 자신감, 낙관성과 같은 긍정정서(Positive Emotion; 즐거운 삶), 특정 활동에 빠져드는 동안 자각하지 못하는 몰입(Engagement; 몰입하는 삶), 타인과 함께하는 관계(Relationship; 함께하는 좋은 삶), 인생의 의미와 목적을 추구하는 의미(Meaning; 의미 있는 삶), 사람들을 이기기 위해서

가 아닌 성취, 성공, 승리, 정복 그 자체가 좋아서 추구하는 성취(Accomplishment; 성취하는 삶)의 알파벳 앞글자만 딴 것이다. 강사 또한 플로리시를 위한 웰빙 강사가 되었으면 한다.

플로리시를 위한 웰빙 강사

1. 긍정정서(Positive Emotion) = 즐거운 삶

   강사의 삶은 즐거운가? 왜 그렇게 생각하나?

2. 몰입(Engagement) = 몰입하는 삶

   '강의하는 강사'의 삶에 얼마나 몰입하고 있는가?

3. 함께하는 관계(Relationship) = 함께하는 좋은 삶

   청중과 함께 호흡하는 강의를 하고 있는가?

4. 의미(Meaning) = 의미 있는 삶

   '강사'라는 단어가 당신에게 어떤 의미인가?

5. 성취(Accomplishment) = 성취하는 삶

   '강사'로 어떤 삶을 성취하고 싶은가?

온라인 강의 촬영, 이것을 주의하라

온라인 강의를 촬영할 때 주의해야 할 점에 대해 간단히 소개한다.

카메라 기능 활용

전문가용 카메라로 촬영할 수도 있고 스마트폰으로 촬영할 수도 있다. 스마트폰도 화질이 뛰어나서 촬영에 문제없다.

전문가용 카메라는 화이트밸런스 기능이 자동으로 맞춰지더라도 초점이 잘 맞지 않은 상태일 수 있으니 짧게 샘플영상을 찍어 확인한 후 본녹화에 들어가는 것이 좋다.

스마트폰으로 촬영할 때 보정 애플리케이션을 활용하는 강사도 있는데, 강사가 움직일 때마다 얼굴이 커졌다 갸름해졌다 해서 집중도를 떨어뜨릴 수 있다. 스마트폰 자체에 있는 일반 카메라로 촬영하는 것이 좋다. 스마트폰 촬영도 마찬가지로 미리 샘플영상을 촬영하고 확인한 후 본 녹화에 들어간다. 카카오톡 메시지나 수신전화로 방해받지 않도록 비행기모드에서 촬영한다.

마이크 사용

온라인 강의 촬영에서 가장 잦은 실수가 소리다. 몇 시간을 들여 영상을 완성했는데 강사의 목소리가 잘 들리지 않는다면, 생방송 강의 중 잘 들리지 않는다는 피드백을 듣는다면 참 난감할 수밖에 없다.

온라인 강의에서 마이크는 필수 준비물이다. 카메라나 스마트폰으로 연결할 수 있고 가슴 쪽에 핀 마이크를 차도 좋다. 무선으로 되어 있는 것도 있고 유선으로 되어 있는 것도 있다. 인터넷에 찾아보면 저렴한 가격에 쉽게 구매할 수 있다.

강의 촬영 장소

온라인 강의는 어디서나 촬영이 가능하기 때문에 간혹 집에서 강의하는 강사도 있다. 환경이 갖추어져 있다면 괜찮지만 그보다는 강의실처럼 격식 있는 환경에서 촬영하는 게 좋다. 나는 아예 강의실 공간을 대여해서 촬영한다. 집에서 촬영할 때보다 훨씬 집중도도 높고 대면강의와 같은 현실감을 주기 때문이다.

영상을 촬영한 곳이 너무 어둡거나 밝지는 않은지를 살핀다. 너무 어둡다면 조명을 설치해서 강의를 전달하는 강사의 얼굴이 잘 보이도록 조정한다. 날씨의 영향을 많이 받는 촬영장소인지도 체크하자. 비가 오면 실내조명만으로 부족할 수 있다. 조명은 필수 준비물이다.

촬영 의상

오프라인 강의를 진행했을 때에는 강의 주제와 장소에 맞는 옷이라면 큰 문제가 없다. 하지만 온라인 강의 의상은 조금 다를 수 있다.

첫째, 너무 큰 옷은 피하는 것이 좋다. 강사의 제스처를 제대로 전달하지 못할 수 있고 스크린에 비쳤을 때 보는 이에게 답답함과 불편함을 줄 수 있다.

둘째, 패턴이 너무 지나치게 많고 강렬한 의상을 입지 않는 것이 좋다. 가는 줄무늬가 가로나 세로로 나 있는 의상은 보는 이에게 어지러움을 줄 수 있다. 단조로운 의상을 선택하도록 하자. 액세서리도 너무 화려하면 조명 반사를 일으킬 수 있으니 착용하지 않는 것이 좋다.

셋째, 안경은 되도록 쓰지 않는 게 좋다. 안경 렌즈에 조명이 반사되어 강사의 눈이 잘 보이지 않을 수 있다. 서로 소통하는 강의에서 아무리 비대면이라도 강사의 눈이 보이지 않으면 강의 전달력이 떨어질 수밖에 없다.

넷째, 의상은 상하의를 완벽히 갖춰 입는다. 상반신만 송출되다 보니 간혹 하의는 트레이닝복 차림인 경우가 있다. 옷이 주는 힘은 크다. 트레이닝복을 입고 리허설 할 때와 의상을 갖춰 입고 강의할 때 느낌 자체가 다르다. 게다가 실수로 하의가 스크린에 나오기라도 하면 얼마나 낭패인가.

〈3장〉

비장의 무기로

프로페셔널 강사로 발돋움하다

01

품성이 바른 강사는 말도 품격이 있다

나는 '나눌 지식과 경험이 있으면' 누구나 강사의 자질이 있다고 생각한다. 그런 사람을 만나면 강사를 해보라고 권한다. 나의 친한 친구는 파티시에인데 쿠키, 빵, 케이크를 굽는 일만 하다가 나의 권유로 강사 일을 하고 있다. 그렇게 자신 있게 권할 만큼 나는 강사라는 직업에 자부심이 있다.

지식과 경험이 있으면 누구나 강사 일을 할 수 있다. 하지만 그것만으로는 '프로 강사'로서의 성장은 없다. 강사양성 과정을 거쳐 몇 번의 강의를 하고 긍정적인 반응이 나오니 행동이 거만해진 강사도 있다. 강의를 도와주는 보조강사에게도 함부로 행동한다.

프로 강사에게 가장 필요한 건 '품격'이라고 생각한다.

품격은 외적으로도 내적으로도 드러난다. 여기서 '드러난다'에 방점을 찍고 싶다. 강사는 이미지로 먹고사는 직업이다 보니 가면을 쓴 강사도 많다. 강의할 때는 그렇게나 친절할 수 없는데 돌아서면 전혀 다른 사람이 된다. 강사를 연기하는 것이다. 하지만 그런 태도는 언젠가는 드러나고 만다. 사람은 시간이 흐르고 긴장감이 사라지면 말과 행동으로 본연의 자신을 드러내기 때문이다.

강사다운 마인드를 먼저 갖춰야 한다. 초보 강사일 때는 긴장감이 있기 때문에 말 한마디, 행동 하나가 조심스러워 본모습이 잘 드러나지 않는다. 그런데 강의가 편해지면 어느 순간 청중 앞에서 본모습을 드러낸다. 주머니에 손을 넣고 말하거나 말투가 거칠어지거나 어떠한 지식을 알려주면서 생색을 낸다거나 하는 모습 말이다. 품격 있는 강사가 되려면 자신의 내면을 스스로 변화시켜야 한다. 청중 앞에서든 뒤에서든 같은 모습으로 말이다.

내가 직업이 강사라고 하면 하나같이 "그럼 말 참 잘하시겠네요" 한다. 강사가 말을 잘해야 하는 것은 맞지만 나는 품격 있는 말이어야 한다고 생각한다. 품격(品格)의 '品'은 'ㅁ(입 구)'가 겹겹이 쌓여 있는 모양이다. 말이 쌓이고 쌓여 한 사람의 품성이 된다는 의미가 아닐까. 강의는 말로 한다. 말을 많이 할수록 품격이 드러난다. 품격이 있는 말이어야 청중의 공감도 얻을 수 있으리라.

02

자기소개는 자랑 말고 어필을 하라

▷

　강의할 때 마주하는 청중은 대개 첫 대면인 사람이 많을 것이다. 어떻게 인사하고 자신을 어떠한 강사라고 소개해야 할까? 이번에는 강사의 자기소개에 대해서 다루어보겠다.

　인사하고 자기소개를 하는 순간, 강의는 시작된 것이다. 인사와 소개 멘트는 강사의 자유다. 다음 7가지 소개 유형 중 정답은 없다. 다만 청중에게 가장 먼저 건네는 인사가 내 이미지와 그날의 강의 분위기를 결정한다는 걸 명심하자.

- 인사 NO, 소개 NO 유형 : "앞에서 담당자님이 절 아주 잘 소개해주셨네요. 소개는 넘어가겠습니다. 자 오늘 강의는 요~"라는 식으로 인사와 소개를 생략하는 유형

- 수다 유형 : "안녕하세요. 웃음과 힐링으로 유쾌한 강의를 진행하는 강사 ㅇㅇㅇ입니다. 저는 웃음지도자로서 …하고요. 또 전 …" 하고 인사와 소개가 장황한 유형

- 노잼 유형 : "안녕하세요. ㅇㅇㅇ강사입니다. 저는 현재 이미지 메이킹과 CS강의를 진행하고 있습니다" 하고 인사와 소개가 밋밋한 유형

- 학벌과시형 : "안녕하세요. 저는 ㅇㅇㅇ대학교에서 강의를 맡고 있고 ㅇㅇㅇ에서 석사, 박사를 거쳐…" 하고 학벌 위주로만 소개하는 유형

- 퀴즈형 : "저에 대한 퀴즈를 내보겠습니다. 어떤 게 진실일까요? '나는 세 번 죽을 고비를 넘겼다', '나는 아이큐가 100이다'…" 하고 자신에 대한 OX퀴즈를 내며 소개하는 유형

- 주인공형 : 담당자에게 소개를 맡기고 박수 받으며 주인공처럼 등장해 바로 강의를 시작하는 유형

- 자랑형 : "저는 책을 무려 10권이나 썼으며, 한때 잘나가던 ㅇㅇ대기업의 임원에, 아이큐가 150 이상이며, 아는 지인들 중에 이런 훌륭한 사람이…" 하고 '나 이런 사람이야' 자랑하는 유형

또 멘트보다 더 중요한 것을 놓치면 안 된다. 강의의 주인공은 청중이라는 사실이다. 나는 청중이 존재하기 때문에 강사가 존재한다고 생각한다. 청중이 처음 만나는 나에 대해 무엇을 궁금해할지를 생각해보고, 듣는 사람의 관점에서 자기소개 내용을 신경 써야 한다.

한 포털사이트에서 남녀 회원 1,314명을 대상으로 '스타 강사 최고 성공의 조건'이라는 주제로 설문 조사를 실시한 적이 있다. 결과는 화술능력(27.7%), 자기만의 고유한 수업방식(22.7%), 참신한 강의 자료(16.4%), 풍부한 전문지식(14.5%), 대인 친화력(8.3%), 호감 가는 외모(7.2%) 순이었고 화려한 학벌과 경력(3.3%)이라는 응답은 가장 낮았다. 전문적인 강의 주제가 아니라면 의외로 사람들은 강사의 화려한 학벌과 경력을 높게 평가하지 않는다.

예를 들어 강의 주제가 심리학이고 기본 심리학을 어느 정도 아는 이들이 청중이라면 전문지식을 갖춘 강사를 신뢰하는 게 당연하다. 그런 경우라면 석사를 거쳐 박사학위까지 취득했음을 넣어 소개한다. 단 그것이 자랑이 되어서는 안 된다. 자랑이 아닌 어필이 되어야 한다.

청중은 강사가 자신을 낮출 때 더욱 친근함을 느낀다. 오늘 강의에 나의 이력이 왜 중요한지 어필하고 잘난 모습보다는 친근한 모습을 비추는 것이 중요하다. 내가 아는 한 강사는 피부가 검은 편이다. 슬라이드가 빛 때문에 잘 보이지 않아 담당자가 불을 끄는 경우가 있는데, 그는 그때를 놓치지 않고 "제가 워낙 피부가 까만 편이라 불을 끄면 슬라이드는 잘 보일지언정, 저는 안 보일 수 있습니다"라는 농담을 한다.

학벌을 말한다고 해서 무조건 자랑은 아니다. 그 많은 시간 동안 공부하며 깨달았던 경험을 오늘 강의로 나누고자 한다는 멘트를 덧붙이면 그것은 학벌 자랑이 아닌 어필이 된다.

인사와 자기소개는 즉흥적으로 하지 말고 미리 준비하자. 즉흥적으로 하다 보면 말문이 꼬이거나 제대로 어필하지 못할 수도 있다. 강의 내용에 맞는 인사 멘트를 만들자. 인사 멘트를 내 이름 앞에 수식어를 붙여 인사하는 것이다. 예를 들어 '웃음과 행복을 전하는 강사 ○○○입니다'라고 표현하는 것이다. 수식어는 나를 드러내주는 강력한 무기가 된다.

한 주제만으로 강의하는 강사가 있는 반면 다양한 주제로 강의하는 강사도 있다. 강의 주제가 다르면 인사 멘트도 바꾸는 게 좋다. 나는 강사를 대상으로 강의하는 법을 주제로 강의할 때에는 "강사를 돕는 강사 김인희입니다"라고 소개하고, 일반인을 대상으로 커뮤니케이션을 주제로 강의할 때에는 "모든 관계를 긍정으로 만드는 언어의 메이크업 아티스트 김인희입니다"라고 소개한다.

어필하고 싶은 부분은 강의 내용과 연관 지어 풀어주면 좋다.

가령 '언어의 메이크업 아티스트'라는 수식어에 대해 "저는 뷰티 강사로 오래 일을 해왔습니다. 많은 사람을 만나면서 '저 사람은 말을 왜 꼭 저렇게 할까? 말도 메이크업해서 예쁘게 표현하면 좋겠다'는 생각이 들었습니다"라고 덧붙이는 것이다.

그럼 나만의 자기소개를 정해보자. 강력한 무기가 될 수식어를 찾았다면 당신은 강사로 첫 발을 내딛은 데 성공한 것이다.

인사와 자기소개 준비

- 수식어 정하기

  _____(수식어)_____ 강사 ○○○입니다.

- 강의 주제에 걸맞은 강의 자격 어필하기

  _____

  _____

  _____

03
프로는 강의 의상도 전략적으로 고른다

강의할 때 꼭 정장을 입어야 하는지 묻는 사람이 많다. 나는 강의에 걸맞은 이미지의 옷을 입으라고 답한다. 의상을 소재로 아이스 브레이크를 할 수도 있다. 예를 들어 스트레스 강의에 하얀 옷을 입고 가서 이렇게 말하는 것이다. "저는 오늘 여러분을 위해 흰색 옷을 입고 왔어요. 흰색은 조지아대학의 연구에 따르면 미래에 대한 희망을 갖게 해주고 또 스트레스로부터 오는 답답함이나 폐쇄적인 곳에서의 답답함에 도움을 줍니다. 저한테 집중하는 데 덜 답답할까 싶어 입어봤습니다. 오늘은 스트레스를 이겨낼 힘을 기르는 법에 대해 이야기하려고 합니다."

삼성전자 직원을 대상으로 강의를 했을 때였다. 그날 나는 흰색 셔츠에 위아래 파란색 수트를 입고 갔다. 그리고 청중에게 "제 옷을 보면 여러분 혹시 떠오르는 것이 있지 않나요? 십여 년째 여러분 회사의 휴대폰과 TV를 사용하고 있을 만큼 선호하는 회사인데 이렇게 강의까지 하게 되어 기쁩니다. 아쉽게도 세탁기는 다른 곳 제품을 사용해요. 그곳에 강의 가면 저도 할 말이 있어야 하잖아요. 하하…" 하고 강의 포문을 열었다. 청중의 반응은 아주 좋았다. 회사 로고까지 생각해 옷을 맞춰 입은 강사에게 큰 점수를 준 듯했다.

해병대 간부들을 대상으로 강의를 했을 때였다. 강의실에 도착해 강의 자료를 띄워놓고 청중을 기다리고 있었는데, 나이 지긋한 간부가 들어오다 나를 발견했는지 "엇, 빨간색! 강사님이 센스가 있으시네" 하며 엄지를 치켜 올렸다. 해병대에 온다고 빨간색으로 맞춰 입었던 것이다.

강의 시작 전에 청중은 강사의 외적인 모습을 머리부터 발끝까지 스캔한다. 첫인상을 결정짓는 데 1~3초면 충분하다. 청결하고 깔끔한 모습으로 신뢰감을 주어야 할 강의에서 나는 네이비색을 자주 입는다. 강의 대상과 관련 있는 상징색이 있다면 의상을 맞춰 입으면 좋다. 강의 시작 전에 큰 점수를 받을 수 있다.

04
'강사다운 목소리'는 후천적으로 만들 수 있다

코칭한 강사 중에 목소리가 아이 같은 사람이 있었다. 주변 사람들로부터 여러 번 지적받았던 터라 본인 스스로도 알고 있었고 강사 일을 하는 데 목소리 때문에 스트레스라고 했다.

물론 발음이 좋지 못해도 청중을 이해시키는 데에 전혀 지장이 없다면 괜찮을지도 모른다. 강의가 청중에게 도움이 되는지, 청중을 변화시키는 목적에 도달했는지가 중요하다. 하지만 발음이 좋지 못하거나 목소리가 좋지 못하면 강의 내용이 좋아도 장시간 동안 강사의 목소리를 들어야 하는 청중의 귀는 그리 즐겁지 않을 것이다.

신뢰감을 주는 목소리, 밝고 건강한 에너지가 느껴지는 목소리, 자신감 있는 목소리, 명쾌하고 잘 들리는 목소리가 강의하기에 좋은 목소리라고 할 수 있다. 강사는 좋은 목소리를 내기 위해 노력할 필요가 있다. 아테네의 10대 연설가 중 한 명으로 꼽히는 데모테네스(Demosthenes)는 발음이 좋지 않다는 지적을 받고 바닷가에 가서 조약돌을 주워 입에 물고 연습했다. 보이스 트레이닝 전문 스피치 학원도 추천한다.

나는 친구들과 1시간만 얘기해도 목이 쉴 만큼 성대가 약했고 발음도 좋지 않고 목소리도 작았다. 그 당시 심했던 사투리와 좋지 않은 발음을 고치려고 볼펜을 물고 책을 한 자 한 자 읽으며 발음을 또박또박하려 노력했고, 아나운서가 진행하는 뉴스를 보며 목소리를 흉내 내기도 했다. 지금은 목소리가 좋다는 말을 자주 듣는다.

3~4시간을 떠들어도 목이 쉬지 않고 힘 있게 강의 내용을 잘 전달하려면 복식호흡이 필수다. 『90초 첫인상의 법칙』의 저자 니콜라스 부스먼(Nicholas Boothman)은 "즐거운 목소리는 상대방의 반응에 긍정적인 영향을 미친다. 즐거운 목소리는 몸속 깊은 곳에서, 다시 말해 아랫배에서 나올 때 가능하다. 목소리를 개선하기 위해서는 아랫배로 호흡하고 말하는 법을 연습해야 한다"고 했다. 유튜브를 검색해보면 전문 스피치 강사가 복식호흡 하는 법에 대

해 다룬 영상을 쉽게 찾을 수 있으니 참고하기 바란다.

평소 목 관리도 철저히 해야 한다. 강의를 할 때에는 목뿐만이 아니라 몸도 함께 쓰게 되기 때문에 1시간 강의라도 열정을 부리면 금세 체력에 비상이 걸린다. 참 연예인만큼이나 이미지도 자기 몸 관리도 중요한 직업인 것 같다.

05

이것저것 다하는 강사 vs
특정 분야 전문 강사

나는 프리랜서를 선언하고 초반에는 강의 스킬과 프레젠테이션을 전문으로 강의와 코칭을 했다. 한 분야의 전문 강사로 발돋움하고 싶은 마음에 다른 강의는 아예 진행하지 않았다. 실무 강의라서 교양 강의보다 강의료 대우도 좋았고, 왠지 강의 주제가 잡다하면 전문성이 없어 보일까 우려됐기 때문이다. 10년 넘게 한 뷰티 강의도 하지 않았고 교양 강의가 들어와도 "저는 강의 스킬과 프레젠테이션 주제로만 강의하고 있어요"라며 거절했다.

지금 생각하면 쓸데없는 고집과 철학이었다. 스스로 성장 기회를 박탈하고 있었음을 그때는 몰랐다. 강의 스킬이나 프레젠테이션 주제로만 강의했더니 점점 강의 의뢰가 줄어들었다. 프리랜서 강사는 강의가 있어야 강사지 강의가 없으면 백수나 마찬가지다. 불안감이 엄습해왔다. 대책이 필요했다.

다양한 주제로 강의해야겠다고 생각을 바꾸고 소통과 대화법을 주제로 강의를 시작했다. 소통이라는 키워드로 할 수 있는 강의는 생각보다 많았고 기업에서 제안하는 강의와 맞는 경우도 많았다. 자료를 개발하고 제안할 곳이 많아지니 덩달아 강의 기회도 늘었다.

소통에서 소통 대화법으로 주제를 넓혀 제안했고, 서비스교육도 강의 대상에 포함시켰다. 서비스도 결국 서비스를 제공하는 사람의 말로써 고객을 만족시키는 것이다. 같은 말이라도 어떻게 표현하느냐에 따라 클레임으로 인한 고객을 단골고객으로도 만들수 있다. 뷰티 회사에 있으면서 서비스에 대한 이해와 교육을 진행한 경험을 토대로 고객과의 소통 대화법이라는 주제를 넣자 서비스직에 있는 청중을 대상으로도 강의할 수 있었다. 그렇게 내가할 수 있는 강의 주제에 경험을 더해 분야를 넓힐 수 있었다. '내 강의를 필요로 하는 곳은 어디일까?'라고 고민하니 강의를 할 수 있는 곳이 더욱 많아졌다.

전문 분야를 넓히고 또다시 쪼개어보니 할 수 있는 강의가 다양해졌다. '소통' 분야를 예로 들면, 기업 강의에서는 직장 내 소통

법, 학교 강의에서는 친구와의 소통법, 취업을 앞둔 실업계학교 강의에서는 사회생활 기본 매너와 상사와의 소통법으로 강의 주제를 쪼갤 수 있다.

강사는 자신의 전문 분야를 늘려 강의 가능 영역을 넓히는 게 좋다. 다른 분야를 배울수록 할 수 있는 강의가 많아진다. 단 모두 전문 분야라고 말할 수 있을 만큼 제대로 익혀야 한다.

박정우 강사는 '후성 유전학'을 주제로 강의한다. 엄마 뱃속에 태아로 있을 때 엄마의 말, 행동, 감정이 아이에게 유전되는 것이 가장 크지만 후에 아이를 키우면서도 유전이 계속 이루어진다는 내용이다. 그 주제로 교수들을 대상으로도 강의를 진행하고 있으며 강의평가가 꽤 좋다. 그는 신경생물학자는 아니지만 바이러스 유전학을 전공했고 후성 유전학을 7년간 연구했다. 후성 유전학이라는 주제에 대해 알면 어떤 혜택과 이익이 있는지를 청중에 따라 자료를 바꿔가며 강의를 기획한다.

강사가 되고 싶은데 콘텐츠가 없어 고민이라면 공부를 하고 경험을 쌓으라고 말하고 싶다. 뭐든 쉽게 얻어지는 것은 없다. 씨앗을 뿌린 자에게만 열매를 얻을 기회가 주어진다. 전문 분야가 없으면 전문 분야를 만들어라. 전문 분야가 많지 않다면 더 넓히고 개발하고 익혀 다양한 강의를 준비하라. 충분히 가능하다. 강사는 익히고 배워 경험한 것을 쉽게 풀고 청중에게 나누는 사람

이다. 나눌 이야기를 정해 파고들면 분명 자신만의 콘텐츠를 가
질 수 있다.

06
강사와 작가의 경계선을 넘나들다

▷

사회복지사 전안나는 『1천권 독서법』, 『기적을 만드는 엄마의 책 공부』를 출간해 작가가 되었고 강사로 활동하고 있다. 『아이의 언어능력』, 『초등아이 언어능력』, 『엄마의 언어자극』의 저자 장재진 또한 출간 이후 강사로서 활동하고 있다. 강사가 직업이 아니었지만 책을 쓴 이후로 강의 요청이 끊임없이 들어와 활동하게 된 것이다. 이 밖에도 책을 쓴 이후 강사로 활동하는 경우가 많다.

전문 분야가 확실히 있다면 책을 써보라고 권하고 싶다. 실제로 책을 보고 강의 요청을 하는 경우가 많다. 나도 내가 쓴 책을 계기로 대기업, 강사 양성 교육기관, 평생직업 교육원 등에서 강의 의뢰를 받았다. 또 라디오 방송에도 출연할 수 있었다. 책의 목차가 곧 커리큘럼이 되므로 강의를 의뢰한 곳에서도 강의 내용을 쉽게 파악할 수 있다. 그리고 전국적으로 나를 알리는 가장 좋은 마케팅이다.

강의 기획하듯 책을 기획하라

책 기획은 강의 기획과 굉장히 유사하다. 책은 독자의 변화를 위한 작가의 설득이다. 메세지를 정하고 강의 내용을 매력적인 목차로 정리해 글로 옮기면 된다. 프로 강사라면 분명 책을 쓸 수 있다고 장담한다.

『당신 참 매력 있다』의 저자 송인옥은 울산에서 30년 이상을 강의한 강사다. 그 책의 원고를 집필할 때 만난 적이 있는데, "강의하라고 하면 자신이 있는데 글로 쓰려니까 쉽지 않아요. 수십 년 강의해서 자료도 많은데…" 하고 고충을 토로했다. 하지만 나는 그녀가 잘할 수 있으리라 믿었다. 역시나 그녀는 '매력'이라는 주제로 강의했던 내용을 글로 잘 풀어내었고 출간 이후 각종 언론에 출연하는 등 멋진 행보를 이어가고 있다.

전문 분야의 강의를 수차례 해왔다면 자료는 이미 쌓여 있을 것이다. 청중에게 하는 말을 독자에게 글로 전한다고 생각하면 조금은 가닥이 잡힐 것이다. 목차만 정해지면 책의 반은 쓴 것이나 다름없다. 그다음은 열정에 달려 있다.

독자에게 나누고 싶은 바를 써라

강사가 나누고 싶은 바를 말로 전하는 사람이라면, 작가는 나누고 싶은 바를 글로 쓰는 사람이다. 글쓰기는 강의와 유사한 부분이 많으니 프로 강사라면 분명 책을 잘 쓸 수 있을 것이다. 내가 책 쓰는 법을 코칭할 수 있는 것은 내가 아는 것을 남에게 전하는 법을 누구보다 잘 알기 때문이다.

다만 책도 강의와 마찬가지로 내가 하고 싶은 이야기가 아닌 독자에게 도움이 되는 이야기, 독자가 듣고 싶어 하는 이야기, 독자에게 필요한 이야기여야 한다.

자기 브랜딩을 목적으로 책을 쓰는 강사도 있다. 하지만 그것만이 목적이 되면 안 된다. 책 안에 독자에게 필요한 이야기를 반드시 담아야 한다. 책에 진정성을 담아 독자를 위한 이야기를 풀어낸다면 일부러 브랜딩하려 하지 않아도 알아줄 것이다. 책에 담긴 진정성이 많은 사람에게 와닿아 강의 의뢰, 언론 인터뷰 등의 또 다른 결과로 나타날 것이다.

07
강의무대 뒤편에서도 강사답게

기업 강의를 하는 강사들과 사적으로 만난 자리였다. 어떤 강사는 자신의 강의 관련 화제가 나오기라도 하면 밤새 이야기할 기세로 열정적이라 나까지 고무되었다. 그런가 하면 또 어떤 강사는 "이 분야 주제가 돈이 좀 돼요. 강의를 하고 있지만 글쎄요, 이 강의가 먹히는 게 신기할 따름이에요"라고 발언해서 나도 모르게 헉 소리가 났다. 청중 앞에서 열정적으로 강의했고 그 강의를 들었던 나조차 동기부여가 됐는데, 사석에서 듣게 된 강사의 속마음은 충격이었다.

김미선 강사는 컬러를 주제로 강의를 하는데 강의 콘텐츠 중

'휴먼컬러 기질'이 흥미롭다. 사람마다 타고난 컬러와 후천적으로 길러지는 컬러가 있고, 그 컬러를 바탕으로 성향을 분석해 어떻게 사람들과 소통하면 좋은지에 대해 다루는 강의다.

그녀는 꼭 강의 무대가 아니어도 만나는 사람마다 선천 컬러와 후천 컬러를 무료로 상담해준다. 강의 무대 앞에서나 뒤에서나 한결같다. 강의료를 따지기보다 사람들에게 나누어줄 것이 더 없는지 챙긴다. 그 모습에 진정한 강사라는 생각이 든다.

강의 무대 위에서건 뒤에서건 강사는 행동과 말이 한결같아야 한다. 강의 무대 위에서 속마음과 다르게 연기하다가는 언젠가 들통 날 수 있다. 행동은 생각에서 나오기 때문이다.

청중에게는 긍정적인 생각을 하고 웃는 것이 중요하다는 강의를 하면서 강사 본인은 우울하고 힘들다면 어떻겠는가. 실제로 무대 위에서와 뒤에서의 모습이 다른 강사의 강의를 들은 적이 있는데, 어디선가 찾아낸 자료를 그대로 읊는 것 같아 와닿지 않았다.

아무리 가면을 쓰고 애써 숨기려 해도 생각은 결국 얼굴에 드러나게 된다. 강의력이 뛰어나도 진정성이 부재한다면 청중의 공감을 얻기 어렵다. 부디 강의 무대 위와 뒤에서의 모습이 같은 사람이 되길 바란다.

온택트 강사를 위한 온라인 마케팅 핵심

얼마 전 블로그 및 SNS 마케팅 전문 강사 김태현의 강의를 들었다. 마침 강사들도 개인 브랜딩을 위해 온라인 마케팅이 필요하겠다는 생각이 있었는데, 당장 실전에 적용할 수 있는 정보가 가득해 유용했다. 자신을 알리는 데 네이버 블로그를 활용하길 바라는 마음에서 김태현 강사에게 양해를 얻어 강의 내용을 정리해 공유한다. 심화 지식을 원한다면 관련 서적이나 유튜브 영상을 찾아보기 바란다. 추천 유튜브 채널로는 김태현의 '마케팅타워', 최제봉의 '마케팅톡톡'이 있다.

왜 네이버 블로그인가

나는 네이버 블로그 외에 페이스북, 인스타그램도 하고 있다. 그런데 강의 홍보에는 네이버 블로그만큼 좋은 게 없다. 검색엔진 접속통계 분석 사이트 인터넷트렌드(www.internettrend.co.kr)를 방문해보면 가장 첫 페이지에서 검색엔진의 접속통계치를 확인할 수 있다. 사람들이 가장 많이 이용하는 사이트 1위가 바로 네이버다.

네이버에서 '프레젠테이션 강사' 키워드로 검색해 VIEW(블로그) 카테고리의 글을 확인해보면 프레젠테이션 강의를 홍보하는 강사들의 블로그를 볼 수 있다. 상단에 노출되면 그만큼 강의 섭외로 이어질 확률이 높다.

상위 노출을 위한 키워드 공략

VIEW 카테고리의 상위권에 노출되어야 홍보 효과가 있다. 10페이지가 넘어가서야 자신의 블로그가 노출된다면 의미가 없다. 10페이지까지 넘겨볼 사람은 그리 많지 않을 테니 말이다. 관건은 상단 노출이 잘되는 키워드를 뽑는 것이다.

김태현 강사가 들려준 일화다. 광주에 있는 한 고기집 사장님은 자신이 운영하는 가게를 홍보하기 위해 키워드를 고민했다. '광주맛집,' '광주 고기맛집' 같은 키워드는 차별성이 없어 상단 노출이 쉽지 않다. 사장님이 생각해낸 키워드는 '광주회식'이었고 그 키워드로 매출을 높일 수 있었다고 한다.

키워드를 뽑을 땐 해당 키워드의 검색량을 체크하는 것이 좋다. pc나 모바일이라면 네이버에서 '키워드 검색량 조회'를 검색하면 나오는 사이트(http://surffing.net)나 블랙키위(http://blackkiwi.net)에서 검색한다.

주의할 점은 키워드 수치를 확인해서 경쟁률이 높은 상급 키워드 말고 중급 키워드를 활용해야 한다는 것이다. 예를 들어 '수박'이라는 검색어는 경쟁이 치열한 상급 키워드라서 그 키워드로 블로그가 상단에 노출될 확률은 낮다. 그래서 '수박 맛있는 곳'처럼 '수박+단어' 혹은 '단어+수박+단어' 형태의 키워드를 공략하는 것이 좋다.

블로그 게시글 수가 30개 미만이거나 블로그를 막 시작한 경우에는 중급 이하 키워드를 공략하는 것이 좋다고 한다. 또 네이버 블로그는 한 아이디로 5~6개를 운영할 수 있다. 기존의 것을 버리고 새로 시작하기를 원한다면 참고하기 바란다.

C-Rank 최적화와 DIA로직

마케팅 전문 강연을 하는 최제봉 교수의 노하우를 소개한다. 블로그 글을 상단에 노출하기 위한 방법으로 크게 'C-Rank 최적화'와 'DIA로직'을 신경 써야 한다. 하나씩 살펴보자.

C-Rank란 분야 전문가 지수를 뜻한다. 즉 한 분야에 대해 전문적인 글을 꾸준히 올리는 블로그가 되어야 한다. 가령 프레젠테이션 강의에 대해 전문적으로 글을 쓴다고 해보자. 이때 일상적인 글을 가끔 올리는 것은 C-Rank 지수에 도움이 되지 않는다.

하지만 C-Rank를 최적화하는 환경설정을 하면 된다. 첫째, 블로그 '관리'에서 '블로그 정보'에 들어가면 '내 블로그 주제'를 설정할 수 있다. 전문으로 쓸 주제로 설정해둔다.

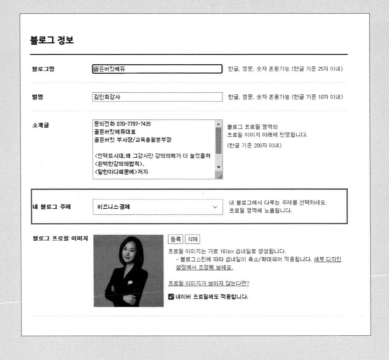

둘째, '관리 상단 메뉴 → 글, 동영상 관리 → 왼쪽 상단 메뉴관리 두 번째 줄의 블로그 → 카테고리 관리 설정 → 카테고리' 순으로 클릭해 오른쪽에 있는 주제 분류를 설정한다.

셋째, 블로그에 글을 쓰고 발행 아이콘을 누르면 주제를 선택할 수 있는 창이 보인다. 그 창에서 글과 관련한 주제를 골라 선택을 설정해주면 된다.

DIA로직은 문서 자체 점수를 뜻한다. 블로그 글의 내용이 얼마나 충실한지, 글자 수가 2,000자 이상 되는지, 이미지 개수, 이미지의 퀄리티, 동영상의 퀄리티 등이 점수에 영향을 미친다.

상위 노출을 위한 블로그 글 작성법

홍보를 위해 블로그를 개설한 이상 무작정 글을 쓸 수는 없다. 상단에 노출되어야 최종적으로 강의 의뢰로 이어질 확률이 높다. 그렇다면 구체적으로 어떻게 글을 써야 하는지 살펴보자.

네이버 블로그 검색엔진 최적화하는 법

검색엔진이 좋아하는 구성은 '이미지+텍스트 반복+동영상'이다. 그러나 같은 이미지를 여러 번 사용하면 안 된다. 재사용하고 싶거나 다른 사람이 사용한 이미지를 쓰고 싶다면 편집해서 사용해야 한다. 가장 좋은 이미지는 본인이 직접 촬영한 원본파일이다. 네이버는 원본파일을 우선하여 상단에 노출시킨다. 다만 이미지의 퀄리티가 좋아야 문서 자체 점수가 높아진다. 흔들리거나 해상도가 낮은 사진보다는 선명하고 해상도가 높은 사진을 사용하자.

간혹 이미지에 자신의 연락처를 넣어 홍보하는 경우가 있는데, 사진 속 텍스트까지 네이버가 인식하므로 너무 잦은 사용은 좋지 않다. 자신의 연락처나 메일주소 등을 이미지에 넣어 홍보하고 싶다면 한 이미지에만 사용하자.

키워드 최적화하는 글쓰기 방법

어떤 키워드로 공략할지 정했다면 제목과 내용에 키워드를 넣어 글을 써야 한다. 예를 들어 '강사양성 전문강사'를 키워드로 잡았다고 해보자. 그러면 블로그 글을 쓸 때 제목에는 '강사양성 전문강사'라는 키워드가 1회, 본문에는 4~6회 들어가야 상단에 노출된다. 이미지 10~20개, 1분 이상 동영상 1개를 넣어주는 것이 좋다. 그리고 무엇보다 꾸준한 글쓰기가 중요하다. 예약 기능을 활용해 오늘 쓴 글이라도 내일, 모레에 올라가도록 하자.

블로그 글쓰기 주의사항

첫째, 키워드는 과도하게 사용하지 않는다. 7회 이상 사용한다면 다른 용어나 영어로 바꿔 쓰자. 예를 들어 '교육'을 키워드로 잡았다면 맥락상 '수업'이나 '과정'으로 바꿔 표현한다. 하나의 글에 욕심을 부려 여러 개의 키워드를 넣지 말자. 하나의 글에는 하나의 키워드만 공략하자.

둘째, 한 번 글을 썼다면 수정하지 않는다. 글을 쓰고 나서 이미지를 바꾸거나 오타를 수정하면 순위에서 떨어질 수 있다.

셋째, 글은 블로그 창에서 작성한다. 메모장이나 한글파일에 글을 미리 써두고 복사, 붙여넣기를 하는 이도 있는데, 그러면 글쓰기를 시작해 마치는 시간이 너무 짧다고 인식되어 노출 순위에서 밀릴 수 있다.

넷째, 이미 쓴 글은 재사용하지 않는다. 자신이 작성한 글이라도 블로그나 카페에 쓴 글은 재사용하지 않는 게 좋다. 뉴스, 지식인, 카페, 블로그, 웹문서, 포스트 등 다른 사람이 쓴 글을 재사용해서도 안 된다. 책 발췌, TV자막도 재사용하지 말아야 한다. 남들도 다 사용하기 때문에 내용이 겹쳐 상단 노출이 어렵다. 정 사용하고 싶다면 카드뉴스 형태로 만들어서 사용한다. 직접 경험한 것을 바탕으로 쓴 후기 같은 글이 상단 노출 확률이 가장 높으니 참고하자.

이외에도 의미 없는 게시물, 반사회적인 글, 낚시성 글(제목과 다른 내용의 글), 도박 및 성인물 같은 불법적인 게시물은 작성하지 않는 게 좋다. 별, 하트, 다이아몬드 등 특수문자는 되도록 사용하지 말자.

블로그 상태 간단하게 점검하는 방법

내 블로그가 죽었는지 살았는지 상태를 점검하는 아주 간단한 방법이 있다. 블로그 제목에 '나의이름+012345'를 쓰고 내용에는 사진 1장을 올리고 '나의이름+012345테스트'라고 써서 등록한다. 2시간 후 네이버 검색창에 '나의이름+012345'를 검색했을 때 VIEW영역에 노출되는지 확인한다. 그 키워드로 작성한 글이 나밖에 없기 때문에 첫 번째로 상단에 노출되어야 정상이다. 상단에 노출되지 않는다면 죽은 블로그이니 블로그를 새로 개설하는 것이 좋다. 글을 제대로 쓴 후 키워드를 검색해서 3페이지 내에 노출되면 블로그 지수가 높은 것이다.

IP주소 바꾸기

다른 아이디나 다른 계정으로 작성한 글 여러 개를 함께 노출하고 싶다면 계정마다 IP주소를 바꿔야 한다. IP주소가 같으면 같은 계정으로 인식하기 때문이다. 스마트폰 와이파이를 먼저 끄고 모바일 핫스팟을 통해 노트북이나 PC를 연결한다. 그다음에 '크롬 브라우저 접속→오른쪽 점 3개 클릭→새 시크릿 창 IP 바꾸기→데이터 껐다가 다시 켜기'를 한다. 다른 아이디나 계정으로 쓸 때 이를 반복한다. 시크릿모드로 전환하기 전에 네이버 검색창에서 '내 IP주소확인'을 검색하고 시크릿모드로 전환한 후 '내 IP주소확인'을 검색해보면 이전과 IP주소가 바뀌었는지 확인할 수 있다.

해시태크 사용

해시태크 사용은 상단 노출에 직접적인 영향을 주지 않는다. 모바일 검색 시에는 태그 검색으로 들어오는 경우도 있으니 5개 전후로 태그를 사용하면 좋다. 다만 태그에 목숨 걸 필요는 없다.

블로그 제목 정하는 법

- 20자 내외로 짧게 정한다.
- 제목 공략 키워드 1개를 사용한다.
- 숫자를 활용한다. 예) 10분 만에 마스터하는~
- 쉬운 단어를 사용한다.
- 해결법을 제시하는 단어를 사용한다. 예) ~하는 법, 매뉴얼, 비법, 노하우 등
- 시간이나 비용적인 부분에서 이익을 기대할 수 있는 단어를 사용한다. 예) 30분 안에~, 가장 저렴한~
- 부정적인 상황을 피할 수 있는 제목으로 한다.
  예) 강의에 실패하지 않는 3가지 방법
- 부정적 단어를 활용한다.
  예) 강의에서는 절대 해서는 안 될~
- 경험을 바탕으로 쓴 글임을 암시한다.
  예) ○○ 직접 사용해본 후기
- 비교 분석한 자료로 쓴 글임을 암시한다.
  예) 프레젠테이션과 강의법 비교

〈4장〉

그래도 결국,

강의력이 기본이다

01
당신의 강의는 설득인가 잔소리인가

한 50대 강사의 강의를 들은 적이 있다. 안타깝게도 이 강사는 초반 아이스 브레이크부터 청중의 흥미를 떨어뜨리고 말았다. 청중은 20~30대가 대부분이었는데 손으로 하는 율동으로 아이스 브레이크를 했던 것이다. 본강의도 동기부여나 설득이 아니라 잔소리로 들렸다. 주위를 둘러보니 그렇게 느끼는 사람은 나뿐이 아닌 듯 시계를 바라보며 지루해하는 기색이 역력했다.

그런데도 강사는 강의실 분위기는 아랑곳하지 않고 "동의하면 박수 주세요"라며 억지로 청중의 박수를 유도했다. 톤이 높고 찌르는 듯한 목소리로 혼자 흥분해서 이야기하니 듣기가 거북했다.

강의가 끝나고 강사가 떠나자 여기저기서 "강의 주제가 흥미 있어서 신청했는데 잔소리만 왕창 들은 것 같다", "시간 아까워"라는 불만의 소리가 들렸다.

강의, 연설, 프레젠테이션은 모두 자신의 주장대로 청중을 설득하는 게 공통적인 목표다. 그 목표와 방향성을 잃으면 자칫 잔소리가 되어버릴 수 있다. 사전적인 의미를 보면 잔소리는 '쓸데없이 자질구레한 말을 늘어놓음, 필요 이상으로 듣기 싫게 꾸짖거나 참견함'이고, 설득은 '상대편이 이쪽 편의 이야기를 따르도록 여러 가지로 깨우쳐 말함'이다. 사전적인 의미만 봐도 강사가 강의를 어떻게 해야 하는지 알 수 있다. 잔소리가 아닌 설득이 되려면 다음 내용을 충족해야 한다.

근거와 증거를 제시하라

모든 강의는 설득이다. 강의 주제에 맞게 강사가 자신의 주장을 내세우고 설득하는 것이다. 설득이 되려면 근거를 제시해야 한다. 사람의 마음을 움직이고 논리적으로 설득하기 위해서는 감정을 두드릴 수 있는 사례, 스토리, 일화 등을 적재적소하게 다루어야 한다. 또 신뢰감을 줄 수 있는 객관적 자료 통계, 신뢰할 만한 인물의 말, 뉴스, 논문, 연구결과, 실험사례 등을 활용할 수 있어야 한다. 강사가 마냥 아무 근거 없이 자신의 생각만을 이야기하면 설득력이 떨어질뿐더러 잔소리가 되고 만다.

방향을 제시하라

강사 중에는 자신의 방법대로 하는 것이 무조건 옳다며 자신의 말을 따르기를 청중에게 강요하는 사람도 있다. 하지만 앞서 강사의 역할에서 다뤘듯이 이것이 옳다며 가르치려 들면 안 된다. 방향을 가리켜야 한다.

강사는 자신이 익히고 경험한 것들을 공유하고 '이러한 방법도 있으니 이렇게 해보는 것은 어때?'라고 결정을 청중에게 할 수 있도록 결정권을 주어야 한다.

어떻게 나아가는 것이 좋은지 "이렇게 가! 여기로 가!"가 아닌 "내가 너의 갈 길에 도움이 되었으면 해. 난 그러한 이야기를 오늘 나눴고 이제는 갈 길은 네가 정해서 가는 거야"라고 방향을 제시하는 사람, 즉 '가르치려 드는 사람'이 아닌 '가리키는 사람'이 되어야 한다.

혜택을 제시하라

'무조건 해'라고 하면 어린아이라도 부모 말을 듣지 않는다. 음식을 잘 흘리는 아이에게 "또 흘렸어? 이러면 옷도 버리고 엄마가 치우기가 힘들어"라고 해도 아이는 엄마가 혼낸다고만 생각하지 흘리지 말아야겠다는 생각은 못한다. 엄마한테 혼나는 게 무서워서 노력할지는 몰라도 이해하고 행동을 바꾼 것은 아니다. 무조건 하라고 말하는 건 아이에게도 잘 통하지 않는데 하물며 성인에게는 더더욱 통하지 않는다. 아이에게 하듯 성인에게 주입식으로 메시지를 전해도 행동은 바뀌지 않는다. 상대방의 경험을 중시하고 인정하며 자발적인 동기부여를 해주어야 한다.

그런데 의외로 '잔소리 강의'를 하는 강사가 많다. 왜 해야 되는지도, 자신이 그렇게 하면 어떤 혜택을 받을 수 있는지도 알려주지 않은 채 '무조건' 하라고 한다. 그러면 청중은 당연히 강사의 말에 납득이 안 가리라.

예를 들어 '고객에게 친절해야 한다'는 주제의 강의라고 해보자. 대부분의 강사가 '고객에게 친절해야 하는 이유'를 설명한다. 한 명의 고객을 잃게 되면 한 명과 연결된 숨은 고객을 모두 잃어 회사의 위기에 빠진다며 사례를 죽 늘어놓으면서 브랜드 빌딩이 무너지니 회사를 위해, 당신의 일자리를 위해 고객에게 친절해야 한다고 강의한다. 서비스 강의는 충분히 재미있을 수 있고, 직원들에게 동기부여를 줄 수 있다. 그런데 그렇게 뻔한 서비스 강의를 하기 때문에 직원들이 질릴 대로 질린 것이다.

이렇게 강의해본다면 어떨까. '하루 중 가장 오래 머무는 곳이 바로 매장이다. 그렇지만 고객에게 늘 웃어야 하고 친절을 베푸는 것이 너무 힘들다. 나는 어제 남자친구랑 헤어졌는데 혹은 오늘 아침에 부모님과 다퉈서 기분이 별로인데 계속 친절하게 웃는 가면을 써야 하는 게 여간 쉽지만은 않을 거다. 고객을 위해 웃으려 하지 말라고 하고 싶다. 사람은 남에게 피해를 주지 않는다면 적당히 이기적일 필요가 있다. 이왕 웃는 거 왜 고객을 위해 웃어야 하느냐. 바로 나를 위해 웃어라. 나의 스트레스는 건강에 이러한 것을 유발하게 되고 웃으면 호르몬이…'

자신에게 혜택이 있다고 생각하면 사람들은 그것을 받아들인다. 하지만 남을 위해, 조직을 위해 하라고 설득한다면 반감을 살 뿐이다. 강사의 잔소리는 청중에게 그저 관심 없는 '잡소리'에 불과하다. 청중이 강사의 말에 관심을 가지고 '받아들여도 될 소리'가 되려면 반드시 청중에게 변화해야 할 이유와 스스로 얻을 수 있는 혜택을 제시해야 한다.

정지된 PPT화면과 쓸데없는 잡음을 주의하라

청중은 PPT화면이 다음 장으로 넘어가지 않으면 지루해한다. 한 장의 PPT로 오래 이야기하는 강사들이 있다. 나도 그런 경우가 있다. 무조건 청중의 지루함을 달래고자 쓸데없이 PPT화면 전환을 하는 것도 집중도를 떨어뜨리기 때문이다.

문제는 PPT화면이 정지된 상태에서, 청중이 쉽게 지루함을 느낄 수 있는 상태에서 잔소리가 시작되는 것이다. 더 이상 읽을 것도 볼 것도 없는 슬라이드에 시각적 흥미를 잃은 청중은 강사의 이야기에 귀를 기울일 수밖에 없다.

이때 잔소리가 아닌 스토리텔링, 사례, 질문 등이 이루어져야 한다. 시각의 흥미를 잃은 청중이 청각적 흥미마저 잃지 않도록 주의하자.

결론부터 말하라

'대체 강사는 왜 이 이야기를 저렇게 장황하게 늘어놓는 걸까?'라고 청중이 생각하는 순간 강사의 말은 쓸데없는 잔소리로 전락한다. 먼저 결론부터 말하고 그다음에 그에 필요한 이야기를 해야 청중이 '왜 강사가 저 말을 하는지'를 이해한다.

강의는 설득이다. 설득하려면 주장을 해야 한다. 먼저 자신의 주장, 즉 결론을 먼저 이야기하고 근거와 증거를 제시한다. 예를 들어 '아침밥을 먹어야 한다'와 '아침밥을 먹지 않아도 된다'에 대해 찬반의견을 나누는 시간을 가진다고 하자. "저는 아침밥을 먹으면 건강해지고 집중력도 올라간다고 생각합니다"라는 말만 한다면 듣는 이들은 답답할 것이다. 이유가 안 나오기 때문이다.

모르는 길을 갈 때 내비게이션을 찍고 어떤 길로 가는지 미리 알고 예상소요시간까지 알고 가면 덜 지루하다. 하지만 누군가가 맛집이 있다고 해서 따라 가는데 길도 모르고 그 장소까지 걸리는 시간도 모른다면 가는 내내 '대체 그 맛집은 언제 나오는 거야'라며 지루한 생각만 들 것이다. 근데 또 돌아오는 길은 이미 왔던 길이라 갈 때와는 달리 짧게 느껴진다.

강의도 마찬가지다. 청중이 길을 알고 가는 것과 모르고 가는 것은 다르다. 청중에게 지금 어디쯤 가고 있는지를 알려주지 않으면 분명 지루해하며 강사의 말을 잔소리라 여기게 될 것이다. 결론부터 제시하고 근거를 제시하자.

메시지 없는 강의는 무조건 잔소리다

강의 중에 재미있는 일화를 말하기도 한다. 청중이 재미있어 했으면 잠시 쉬어가는 의미로 해도 좋다. 하지만 재미도 없고 강의와도 전혀 관련이 없고 도움되는 이야기도 아니면 잔소리일 뿐이다.

강의 중 이야기에는 강의 주제와 관련된 핵심 메시지가 있어야 한다. 스토리텔링은 Story와 Telling의 합성어로 어떤 말을 하기 위해 이야기를 활용하는 기법이다. 사람들은 지루해하다가도 강사가 이야기를 시작하면 어느새 귀를 기울인다. 이야기꾼은 단순히 이야기만 전하지만 강사는 그 이야기 안에 전달하고 싶은 메시지를 넣어야 한다. 메시지는 강사의 주장이자 설득 방향이다.

결론은 이야기 후미에 나와도 좋다. 사람들이 이야기에 더욱 흥미를 느끼기 때문이다. 물론 꼭 답은 아니다. 결론이 먼저 나오고 이야기가 시작되어도 좋다. 다만 이때에는 이야기가 끝나고 다시 한 번 이야기의 핵심을 짚어주는 것이 좋다.

02
기계적인 '발 강의' VS
유연한 '소통 강의'

한때 배우가 되려고 한 소속사에서 연기수업을 받은 적이 있는데, 그때 연기 선생님이 해준 말이 기억난다. "연기할 때 연기하지 마라" 연기 선생님이 하고 싶었던 말은 "연기하려 하지 마라"였으리라. 연기하려고 의식할수록 대사에 힘이 들어가고 캐릭터 표현이 부자연스러워서 그렇게 말했던 것 같다.

강의의 기획과 내용도 중요하지만 표현을 잘하는 것 역시 강사의 능력이다. 초보 강사 중에는 어딘지 모르게 딱딱하게 강의하는 사람, 대본을 외워 발표하는 것 같은 사람도 있다. 강의를 하려고 애쓰다 보니 '발 강의'가 되어버리는 것이다.

발 강의하는 강사들의 특징

1. 앵무새처럼 정해진 대사를 읊는 듯한 외운 티가 나는 강사
2. 영혼 없이 혼자 떠드는 강사
3. 얼음처럼 얼어 제자리에서 차렷 자세로 강의하는 강사
4. 스토리를 아무 감정 없이 전달하는 강사
5. 바닥을 보거나 그 누구도 쳐다보지 않고 강의하는 강사

표현력이 부족한 강사를 나는 '발 강의하는 강사'라고 표현했다. 강의 내용도 중요하지만 얼마나 맛있게 전달하는지도 중요하기 때문에 강사도 배우처럼 표현법을 익힐 필요가 있다. 좀 더 유연하고 자연스럽게 표현하기 위해 다음을 유의하자.

달달 외웠는가, 쏙쏙 익혔는가

강의 대본을 써서 익히고 대본대로 강의하는 강사가 있다. 여러 방법을 시도해보고 그 방법이 본인에게 맞으면 괜찮다. 하지만 나는 초보 강사에게는 강의 대본을 작성해서 진행하는 방법은 권하지 않는다. 강의 대본을 작성해놓으면 그 대본에 의지한 나머

지 대본을 달달 외우느라 시간을 쓰게 되고, 대본대로만 하려고 하기 십상이다. 혹여 대본을 잊어버리기라도 하면 당황하다 강의를 망칠 수도 있다. 그래서 강의 대본보다는 차라리 PPT자료를 보고 즉흥적으로 리허설하라고 권한다.

강의 대본이 필요 없는 이유는 2가지다. 첫째, 강의 내용을 깊이 이해하고 있으면 슬라이드만 보고 설명할 수 있기 때문이다. 만약 슬라이드만 봐서는 무엇을 설명해야 할지 모른다면 강의 내용부터 다시 공부해야 한다.

둘째, PPT자료를 컨닝 페이퍼로 활용할 수 있기 때문이다. PPT자료는 강의가 산으로 가지 않게끔 도와주는 안내판 역할을 하는 동시에 강사가 강의 내용을 잊어버리고 넘어가지 않도록 도와주는 컨닝 페이퍼의 역할을 한다. 그렇다고 슬라이드에 구구절절 모두 적어서는 안 된다. 슬라이드는 간결한 문장으로 핵심 내용만 정리한다.

쌍방소통, 대화 형식의 강의

프레젠테이션과 강의는 기획 과정과 목적이 비슷하지만 가장 큰 차이점이 하나 있다. 프레젠테이션은 나만 잘하면 되는 일이라 일방소통으로 진행되는 면이 있고, 강의는 강사와 청중이 쌍방소통 되는 면이 있다는 점이다.

프레젠테이션은 다소 딱딱하고 재미없는 경우가 많기 때문에 나는 수강생에게 강의 기법을 접목해서 표현하라고 코칭한다. 일방을 쌍방으로 한 번씩 전환시켜주는 것이다. 그렇게 기획한 프레젠테이션은 결과물이 더 훌륭해진다.

요즘 취업면접은 구두면접 외에 하나의 주제를 던져주며 그에 대한 아이디어를 담아 발표하는 형식으로 진행하기도 한다. 대기업 취업면접 프레젠테이션 코칭을 한 적이 있다. 전자제품 아이디어가 주제였고 의뢰인은 '맥주를 단시간에 시원하게 만들어주는 편리한 휴대용 제품 아이디어'를 냈다.

간단한 자기소개를 마치고 "다음은 과제로 주셨던 전자 제품 아이디어에 대해 설명하겠습니다"라고 서두를 열기에 좀 더 면접관과 소통하는 방식으로 해보라고 코칭했다. "여기 계신 면접관님들은 혹시 맥주 좋아하십니까?"라고 면접관에게 질문을 하며 시작하는 것이다. 발 연기하지 말고 웃으면서 여유 있게 말하라며 연기까지 코칭했다.

그는 면접을 본 후 격앙된 목소리로 "강사님 말대로 그 부분에서 면접관님들이 '맥주 좋아하지' 하시기도 하고 어떤 면접관님은 '나는 소주', '나는 소맥인데?!' 하며 서로 말씀을 주고받더니 껄껄 웃으며 분위기가 좋아졌어요"라고 전했다. 그리고 1주일 후 합격

소식을 전해왔다.

　강의는 더더욱 쌍방소통으로 이뤄져야 한다. 질문도 주고받고 대화 형식이면 더 좋다. 강사가 영혼 없이 자기 말만 하고 강의를 끝낸다면 청중의 설득을 이끌어내는 데 한계가 있을 것이다. 쌍방소통이어야 청중의 공감거리를 찾아 감정을 휘저어놓을 수 있다. 또 청중 덕에 더 좋은 아이디어를 얻을 수도 있다.

표현력을 갈고닦아라

　온라인 강의에서는 카메라 앵글 안에서만 움직여야 하기 때문에 강사가 활용할 수 있는 동선이 크지 않다. 오프라인 강의는 동선을 넓게 쓰는 게 좋다. 강의 슬라이드 옆에 가만히 서서 강의하는 강사도 있는데, 강사와 청중 사이의 거리는 마음의 거리다. 가능한 한 거리를 좁히는 게 좋다.

　실습할 때도 마찬가지다. 청중이 실습을 마칠 때까지 무대에서 마냥 기다리기보다는 직접 찾아가 어떻게 하고 있는지 확인하고 실습을 돕는 것이 좋다.

　또 적절한 제스처를 활용해 강의 전달력을 높일 수도 있다. 온라인 강의처럼 카메라 앵글 때문에 동선이 짧은 경우에는 제스처를 활용하는 것이 좋다.

원래 이야기보다 더 실감나고 재미있게 말하는 사람이 있는가 하면 같은 이야기라도 지루하고 재미없게 말하는 사람이 있다. 두 사람의 차이점은 바로 표현력이다.

여기서 표현력은 비언어적 커뮤니케이션으로는 제스처, 표정 등이고 언어적 커뮤니케이션으로는 말의 속도, 억양, 연기력 등이다. 같은 강의 내용이라도 지루한 설명이 아닌 마치 한 편의 드라마와 같은 강의라면 더욱 청중들이 만족하지 않을까.

청중과 교감하는 아이콘택트

청중과는 눈을 마주치지 않고 앞, 바닥, 천장 등 어느 한곳만 보면서 강의하는 사람이 있다. 그런데 강사가 청중과 아이콘택트를 하며 교감하는 것은 생각보다 중요하다. 어떤 이들은 미간이나 코끝을 보라고 하기도 하는데 나는 반대다.

청중이 20~30명이라면 모두에게 한 번씩 눈을 마주치고 교감하길 바란다. 청중이 30명 이상이라면 모두 시선을 주기는 어려우리라. 그래도 가능한 한 많이 앞, 뒤, 중간, 왼쪽, 오른쪽 등 골고루 돌아가며 눈을 마주치자. 시선에 들어오는 청중만 바라보며 강의한다면 나머지 청중이 소외감을 느낄 수 있다.

온라인 강의도 시선은 카메라 정면을 두는 것이 좋다. 유튜브

영상을 보면 간혹 카메라 정면이 아닌 사선에 시선을 두는 경우가 있는데, 무언가 불편한 느낌이다. 시선이 흔들리지 않게 카메라를 정면으로 바라보는 연습이 필요하다.

03
'고구마 강의'를 피하는 법

답답함을 유발하는 무언가에는 '고구마'를 붙이고, 시원함을 유발하는 무언가에는 '사이다'를 붙이는 게 일종의 관용구가 되어버렸다. 안타깝게도 텁텁한 고구마를 잔뜩 먹은 듯 답답함을 주는 '고구마 화법'을 구사하는 강사가 의외로 많다. 다음은 대표적인 고구마 강의 유형이다. 이를 참고해 고구마 강의가 되지 않도록 주의하자.

"핵심만 말하세요, 제발"

장황하게 늘어놓지 말고 핵심만 간결하게 전한다. 장황하게 불필요한 이야기를 잔뜩 늘어놓는다면 답답한 청중은 '핵심만 말하세요, 핵심만'이라고 속으로 외쳐대며 강의가 끝날 때까지 허벅지를 꼬집으며 참을지도 모른다. 불필요한 이야기는 모두 덜어내고 필요한 말만 하라.

"저게 무슨 말이야?"

복잡하지 않게, 최대한 단순하고 이해하기 쉽게 표현하라. 강사가 전문용어나 영어를 많이 쓴다고 해서 청중이 강사를 유식한 사람으로 보는 것은 아니다. 오히려 '어려운 말로 아는 척하는 강사'라며 반감을 품을 수 있다.

"강의가 너무 졸려, 언제 끝나는 거야"

청중의 상태를 파악하며 진행하자. 청중이 존다면 꼭 강의 내용이 어렵거나 강사의 표현력이 부족해서만은 아닐 수 있다. 다른 요인 때문은 아닌지 점검해보자.

식사 후 강의라든지, 2시간 이상의 강의라든지 상황을 고려해 청중의 상태를 확인하고 유동적으로 쉬는 시간을 갖는 게 좋다. 강사가 강의에 집중하다 보면 쉬는 시간을 잊을 수 있는데, 내향성이 강한 청중이 대부분이면 강사에게 쉬자는 말을 못할 수 있다. 청중의 상태를 파악해 필요하다면 쉬는 시간을 갖자. 이때 온라인

이든 오프라인이든 교육담당자와 협의 후 정한다.

"그래서 뭐 어쩌라고?"

결론과 방법 제시가 있어야 한다. 문제 제기만 잔뜩 해놓고 결론이 없거나 방법 제시가 없으면 청중에게는 고구마 강의일 뿐이다. 이는 애초에 강의 기획이 잘못된 것이다. 문제를 제기하고 그에 대한 근거와 증거를 제시한 후 마지막에 방법을 제안하여 청중이 변화할 수 있도록 해야 한다.

04

앎 없이 강의하는 강사는 '시간 강도'다

한 강사의 강의를 들으러 간 적이 있었다. 그동안 강의해온 전문 분야에 최근 새로 익힌 내용을 접목한 강의라고 해서 기대가 컸다. 5시간 강의에 10만원의 강의료였지만 강사를 믿고 내 시간과 비용을 지불했다. 그런데 결과적으로 그 강사의 강의 진행 방식과 내용은 내게 큰 실망을 안겼다.

소주제가 끝나면 돌아가며 이야기 나누는 방식으로 5시간 동안 3가지 소주제에 대해 다루었다. 강사의 이론 설명보다는 청중의 답변을 끌어내는 데 더 시간을 소요하는 꼴이었다.

더 큰 문제는 강의 내용이었다. 새로 접목한 내용에 대해 강사의 앎이 부족한 것 같았다. 강의 내용에 자신이 없었는지 "저도 이게 왜 이런 건지는 잘 모르겠어요. 책에 그렇게 되어 있더라고요"라고 답하는 게 아닌가. 나는 그 멘트에 가장 크게 실망했다.

5시간이라는 시간과 10만원이라는 비용을 지불한 청중은 강사로부터 그에 상응하는 무언가를 바란다. 그런데 제대로 공부하지 않고 책을 그대로 강의 자료로 만들었는지 '책에 이렇게 나와 있다'라는 문장이 반복되었다. 강의 내내 '책에 나와 있어서'라는 말을 반복했고 나는 속으로 '차라리 책을 읽는 게 낫지. 10만원이면 책 7권은 살 수 있는 돈인데…. 내 5시간도 아깝다'라는 생각이 들었다.

강사는 전문가로서 강의 무대에 서야 한다. 자신 있을 정도로 익히고 배운 후에야 비로소 강의가 가능하다. 강의 내용에 대해 제대로 모르면서 아는 척만 하는 강사는 강사가 아니다. 청중의 시간과 돈을 뺏는 '강도'다. 강의 주제를 제대로 아는 것은 강사의 기본이다.

관련 자료를 먼저 수집한 후 강의 기획을 잡기도 하고 그 반대의 순서도 있다. 중요한 것은 자료를 수집하고 PPT를 제작하는 과정에서 강사는 강의 내용을 제대로 알아야 한다는 것이다. 나아가 연관 있는 내용까지 영역을 넓혀 익히면 더욱 좋다.

참고로 강의를 하다 보면 헷갈리거나 즉답이 어려운 질문을 받을 수도 있다. 그럴 때에는 섣불리 아는 척하지 말고 솔직하게 "저도 그 부분에 대해서는 생각하지 못했네요. 좀 더 알아보고 답변을 드릴게요. 괜찮으시다면 메일 주소를 남겨주시겠어요?"라고 양해를 구하고 약속을 지켜 추후에 답변하자.

나는 강의 자료를 준비하며 무언가를 배워야 할 때 전문가가 쓴 책이나 관련 자료를 샅샅이 찾아 공부한다. 가령 '강의는 설득이다'라는 핵심 메시지를 전해야 한다고 하자. 이 강의를 준비하며 나는 설득의 기법을 알기 위해 수사학, 교수법 관련 책까지 모조리 읽었다. 공부한 만큼 내 강의 내용은 전문성을 갖출 수 있었다.

나는 강의법으로 강의 무대에 설 때 청중이 대기업 사내 강사이든 교수이든 절대 주눅 들지 않는다. 내가 청중보다 강의법과 관련해서는 앎이 많다고 자신하기 때문이다.

강사 자신이 잘 모르는 부분을 강의하게 되면 아무리 베테랑 강사라도 비전문가 티가 날 수밖에 없다. 강의를 들으러 온 청중은 강의를 하는 입장은 아니지만 강사가 강의 내용을 잘 숙지하고 있는지를 판단하는 데에는 도사다.

기업 강의의 경우, 강의가 끝나고 강사가 퇴장하면 청중에게 강의평가서를 받는다. 평가지 문항 중에 '강사가 강의 내용에 대해 완벽히 숙지하고 진행했는가?'라는 것이 있다. 기업은 강사가 전문가임을 믿고 강의를 맡긴다. 그런데 해당 항목의 평가가 낮으면 어떻게 되겠는가. 요행으로 잘 넘어갔어도, 강의를 들은 사람 중 '본인도 잘 모르면서…'라는 생각을 단 한 명이라도 했다면 그야말로 최악이 아닐까.

지식과 함께 강사가 더욱 개발하고 익혀야 할 것은 바로 경험이다. Education(교육)의 어원 Educo는 '내부로부터 개발해낸다'는 뜻이다. 강사가 경험으로 익힌 앎과 지식으로써 청중의 내부로부터 개발해내는 것이 진정한 교육이리라.

05

강의 준비 첫 단계부터 직접 하라

영국의 식물학자 앨프리드 월리스(Alfred Russel Wallace)는 연구실에서 황제나비가 고치에서 힘겹게 빠져나오려는 모습을 보고 칼로 고치를 살짝 그어 나비가 쉽게 빠져나오게 도와주었다. 변태를 마친 다른 나비들은 한 마리씩 날개를 펼치며 공중으로 날아올랐는데 월리스가 도와준 나비는 날개를 펴고 날아오르는 듯했지만 비실비실 주의를 맴돌다 죽어버렸다.

변태는 성숙단계의 마지막 단계다. 고치를 스스로의 힘으로 뚫고 나오는 과정에서 나비 몸통의 껍데기가 단단하게 굳기 때문에 힘차게 날갯짓을 할 수 있는 것이다. 나비가 고치를 쉽게 빠져

나올 수 있도록 도왔던 일이 오히려 스스로 성숙단계를 거칠 기회를 박탈해버린 것이었다.

에이전시가 기존에 만들어놓은 자료로 강의하는 강사도 있고, 다른 사람의 강의 자료를 가져와 강의하는 강사도 있다. 당장에는 쉽고 편하게 할 수 있을지 모르지만 장기적으로 보면 강사로서 성장할 기회를 스스로 박탈한 것이나 마찬가지다.

청중을 분석하고 그들의 행동 변화를 이끌기 위해 고민해야 한다. 그 과정을 거쳐 기획한 내용을 토대로 직접 자료를 제작해 강의 무대에 서야 한다. 다른 사람의 강의 자료를 참고하는 것은 추천하지만 그것을 그대로 써서는 절대 강사 역량을 키울 수 없다. 게다가 온라인 강의는 기록이 남기 때문에 후에 불편한 일이 발생할 수 있으니 조심 또 조심해야 한다.

애초에 다른 사람이 주는 자료대로 읊는 것을 나 스스로 용납하지 못했다. 물론 다른 기획자가 만든 강의 자료로 강의 스킬을 키울 수는 있다. 하지만 청중 파악부터 강의 기획, 강의 자료 수집 등을 직접 해내면서 강의 스킬을 갈고닦는 것이 더 낫다고 생각한다.

차근차근 강의를 준비할 수 있도록 과정 순서대로 해야 할 일을 정리해보았다. 부디 스스로 고치를 뚫고 나와 힘찬 날갯짓을 할 수 있기를 바란다.

강의 준비 단계

① 청중 분석

② 자료 수집(정보, 지식, 사례)

③ 강의 시간, 강의 환경 등 세부사항 분석

④ 강의 주제, 제목, 목적, 목표 세우기

⑤ 강의 기획(서론, 본론, 결론)

⑥ 강의 내용 세부 기획

⑦ 강의 준비물 체크

⑧ 강의 시각 자료 제작

⑨ PPT리허설(자료 수정)

⑩ REAL리허설(완벽 준비)

⑪ 강의 자료 챙기기(USB, 메일, 클라우드, 구글드라이브 등)

반드시 이 순서대로 진행해야 하는 것은 아니다. 강사마다 본인에게 맞는 준비 방법이 있을 것이다. 다만 가장 먼저 청중 분석을 해야 한다. 같은 강의 자료를 사골 우려먹듯 할 수 없다. 왜냐하면 같은 주제라도 청중은 매번 달라지기 때문이다. 청중이 다르면 강의 자료도 달라야 한다. 이후 청중 분석을 토대로 주제를 정하

고 목적과 목표를 세운 후 강의 기획이 되어야 한다. '청중 분석 →
강의 주제, 목적, 목표 세우기 → 강의 기획(서론, 본론, 결론) → 강의
내용 기획(세부 기획) → 자료 제작' 순서만큼은 반드시 지키자.

① 청중 분석

세계적인 비즈니스 컨설턴트 브라이언 트레이시(Brian Tracy)는
"말하기 성공 요인의 90%는 얼마나 철저하게 준비하는가에 달려
있다. 사람들은 당신이 말을 시작한 후 불과 몇 분 내에 당신이 얼
마나 성실하게 준비했는지 알아챈다. 준비의 출발점은 당신의 메
시지를 듣게 될 사람이다"라고 했다.

강의 주제에 따라 남녀 비율이 그리 중요하지 않을 수도 있고
중요할 수도 있다. 그래도 나는 남녀 비율까지 조사하는 편이다.
아이스 브레이크 선물을 준비할 때 남녀 비율을 알면 도움이 된
다. 또 청중의 수도 파악한다. 그래야 실습이나 아이스 브레이크
활용 가능 여부를 알 수 있다.

이외에도 이들이 자발적으로 참석했는지, 임원급인지, 승진 대
상인지, 신입인지, 현재 고민하는 문제가 무엇인지, 관련 강의를 들
어본 적은 있는지, 지식과 경험 수준은 어느 정도인지, 연령대는
어떤지, 하는 업무는 무엇인지, 어떤 것을 얻고자 하는지, 듣는 강

의를 선호하는지, 실습이 있는 강의를 선호하는지, 발표를 싫어하는지, 정보 중심 강의를 원하는지, 체험하고 실습하고 싶은지 등 최대한 낱낱이 분석한다.

② 자료 수집(정보, 지식, 사례)

자료는 청중의 감성과 이성을 동시에 두드리는 내용으로 다양하게 수집하는 것이 좋다. 감동을 주는 영상, 일화, 스토리텔링, 사례 등 감성에 호소하는 자료와 뉴스, 통계, 전문가 의견, 논문, 연구결과 등 이성에 호소하는 자료로 준비한다.

인터넷 검색을 할 때 다양한 키워드로 검색하면 더 많은 자료를 수집할 수 있다. 검색해서 나온 내용을 읽다가 연관 단어를 찾아 또 검색하면서 내용을 탄탄히 한다. 참고로 어떻게 강의 내용에 녹일지 예상하면서 수집하면 더욱 좋다.

검색 사이트는 한곳만 이용하지 말고 구글, 네이버 등 다양하게 활용한다. 다른 사람들이 주제에 대해 올려놓은 내용을 참고하고 싶다면 네이버를 추천한다. 전문적인 내용을 찾고 싶다면 구글을 추천한다.

참고로 구글에서 검색어에 큰따옴표를 붙여서 검색하면 정확도가 높아진다. 가령 "강의 기획서"라고 검색하면 강의기획서 관련 내용만 남게 필터가 걸러진다. 또 띄어쓰기 없이 '검색어 filetype:확장자'로 검색하면 원하는 확장자(PPT, HWP. PDF) 파일을 찾을 수 있다. 가령 '교수법filetype:ppt'라고 검색하면 교수법 관련 PPT 파일이 나온다.

물론 단순히 수집만 하면 안 되고 공부해서 '내 것'으로 만들어야 한다. 인터넷 검색에만 의지하지 말고 전문서를 찾아 읽고 관련 내용을 발췌하는 것을 추천한다.

③ 강의 시간, 장소, 강의 환경, 등 세부사항 분석

교육담당자와 소통할 때 청중 분석과 함께 강의 시간, 장소, 강의 환경 등을 파악해야 한다. 이때 구두보다는 서면으로 강의 제안 내용을 받는 것이 좋다. 사람이 하는 일이다 보니 교육담당자가 시간을 잘못 안내할 수도 있고 강사가 잘못 체크할 수도 있다. 언제든 파일을 열어 꼼꼼히 확인할 수 있도록 서면으로 요청하자.

강의 시간을 알아야 강의 기획이 가능하다. 강의 주제에 필요하다고 해서 모든 내용을 담을 수는 없지 않은가. 강의 시간이 90분인데 90페이지의 슬라이드를 넣을 수는 없다. 90분 강의라면 아이스 브레이크 시간을 5~10분, 청중의 질문을 받는 시간을 10분, 본 강의 시간을 70분 잡는다. 70분에서 내가 기획한 실습이 20분이면 이론은 50분 분량을 잡아야 한다는 계획이 세워진다. 이때 교육담당자와 소통하며 실습시간이 있다는 것과 대략적인 소요시간을 커리큘럼 문서로 작성해 공유한다. 이후에 실습시간이 너무 길다는 클레임이 발생하지 않도록 사전에 꼼꼼히 소통하고 문서로 남겨둔다.

50분 분량의 이론이면 슬라이드를 몇 장 만들어야 할까? 나는 슬라이드 1장당 2분을 잡는다. 소개 페이지까지 포함해서 25장 정도의 슬라이드를 만든다. PPT리허설을 할 때 슬라이드 1장당 소요되는 시간을 체크해서 슬라이드를 빼거나 더한다. 참고로 청중은 한 슬라이드에 오래 머물러 이야기하는 것을 지루해한다. 교양 강의는 더욱 그렇다.

리허설 시간과 실제 강의 시간이 다를 수 있다. 중간에 질문하는 청중 때문에 지체될 수도 있고 긴장한 탓에 말이 빨라질 수도 있다. 중간중간 시간을 체크해서 융통성 있게 대처해야 한다.

PPT슬라이드가 모두 만들어졌을 때 반으로 나눠 '여기까지 몇 시 몇 분에 끝내야 나머지 내용을 여유 있게 할 수 있다'는 계획도 잡을 수 있다. 만약 계획한 시간보다 앞내용이 일찍 끝났다면 사례를 즉흥적으로 추가하거나 뒷내용에서 필요 부분만 담거나 실습 시간을 조절한다.

강의실 환경을 알면 실습할 때 유용하다. 극장 형태라면 서로 마주보기가 어려워 조별활동이 어렵다. 책상 없이 의자만 놓인 강의실이라면 글을 적거나 그림을 그려보는 실습이 힘들다. 회사 내에서 진행하는지, 다른 호텔이나 펜션에서 진행하는지, 그날 어떤 행사가 함께 이뤄지는지 등의 세부 내용도 함께 파악하면 더욱 좋다.

06

기획 없는 강의는
누구도 반기지 않는다

'기획'의 사전적 의미는 '어떤 대상에 대해 그 대상의 변화를 가져올 목적을 확인하고 그 목적을 성취하는 데에 가장 적합한 행동을 설계하는 것'이다. 말만 들어도 벌써 어려운 것 같다. 하지만 누구나 살면서 기획을 해보았다. 그것이 기획이었는지 몰랐을 뿐이다.

딸아이의 기획 일화가 있다. 딸아이는 자장면을 좋아한다. 한동안 자장면만 먹어 질려버린 나는 아이가 자장면의 '자'자만 꺼내도 고개를 흔들었다. 하루는 아이가 내게 와서 "엄마, 저 오늘 받아쓰기 100점 맞았어요. 잘했죠? 제가 앞으로도 100점 맞으려면 엄마의 도움이 필요해요. 100점 맞았다고 엄마가 선물을 주면 제가 그 선물 덕에 계속 100점 맞고 싶은 마음이 들 것 같아요. 엄마 처음인데 잘했다고 선물 주시면 안 돼요?"라고 말했다. "그래, 잘했네. 무슨 선물이 갖고 싶은데?"라고 묻자 "엄마의 사랑이랑 음, 자장면이요"라고 당당히 말하는 게 아닌가.

동생처럼 무조건 사달라고 떼쓰면 엄마는 절대 사주지 않을 것이라고 분석하고 방법을 연구한 것이다. 자장면 하나 먹겠다고 얼마나 머리를 썼을지 생각하니 설득당할 수밖에 없었다. 또 '100점 동기부여'라는 딸의 말이 설득력이 있기도 했다.

1. 당신은 청중에게 어떤 주장을 하고 싶은가? (주제)
2. 그 주장대로 하면 청중은 어떤 혜택을 얻을 수 있는가? (동기부여)
3. 그 주장대로 하려면 어떻게 해야 하는가? (HOW TO)
4. 왜 그렇게 해야 하는가? (WHY)
5. 그렇게 하지 않았을 때 어떤 문제가 발생하는가? (WHAT)

상대를 설득하기 위해 무슨 말을 해야 할지 생각하고 계획을 세우는 것이 바로 기획이다. 강의 기획도 쉽게 생각해보자. 위의 5가지 질문에 답할 수 있다면 강의 기획은 끝난 것이다. 그럼 앞

절에 이어서 강의 준비 단계를 살펴보자.

④ 강의 주제, 제목, 목적, 목표 세우기

'자신의 강의를 한마디로 표현하면?'이라는 질문에 대한 답이 바로 강의 주제다. 단, 강사도 청중도 같은 답이 나올 때 기획이 잘 된 것이다. 또 강의 시간에 다룰 수 있는 강의 주제인지도 체크해 보자. 내용이 너무 포괄적이면 강의 시간 내에 다룰 수 없으니 대주제를 두고 소주제를 정하는 것이 좋다.

예를 들어 건강 강의를 하게 되었다고 하자. '건강을 잘 챙기자'라는 대주제보다는 '마음 건강을 잘 챙기자'에서 더 들어가 '스트레스를 현명하게 극복하여 마음 건강을 잘 챙기자'로 정하면 좋다. 그러면 스트레스를 관리하면 무엇이 좋은지, 어떻게 관리해야 하는지, 왜 그 방법으로 관리하는 것이 좋은지, 스트레스를 관리하지 않으면 어떤 문제가 발생하는지 등 강의 내용도 쉽게 기획할 수 있다.

문제 제기를 서론으로 두어도 좋다. 흐름이 논리적이고 설득력이 있는지가 중요하다. 강사가 어떤 메시지를 전달하고자 하는지를 명확하게 정하고 목표를 세워야 강의가 산으로 가지 않는다.

주제를 정했으면 목적과 목표도 정한다. 목적과 목표는 엄연히 다르다. 목적은 쉽게 말해 강사가 '청중에게 강의하는 이유'이고 목표는 강사가 '청중을 어디까지 변화시킬 것인가'에 대한 답변이다. 목적과 목표에 따라 같은 주제라도 전혀 다른 강의 내용이 될 수 있다. 예를 들어 '강의 준비로 반드시 강의 기획을 하자'는 주제라도 '강의 기획 방법 이해시키기'가 목적일 때와 '강의 기획 이해하고 직접 적용해보기'가 목적일 때의 강의 내용은 크게 다르다. 전자는 이론으로 풀어 설명하는 데 집중해야 하고 후자는 실습을 통해 제대로 이해했는지에 집중해야 한다.

강의 제목은 강의 주제를 담은 것이어야 한다. 강의 주제는 강의 방향성으로 기획한 것이고, 강의 제목은 화면에 미리 띄워놓는 슬라이드 첫 장이므로 강의 이미지가 된다. 강의 제목을 확인한 청중은 '지루하겠다', '궁금하다', '기대된다' 하고 강의 시작도 전에 첫인상을 품게 된다. 그러므로 청중을 후킹할 만한 매력적인 강의 제목이 필요하다.

CEO 대상으로 건강 강의를 진행할 강사를 코칭한 적이 있다. 그의 강의 제목은 '7가지 건강 원리'였다. 지극히 평범하고 어쩐지 지루하지 않은가. 나는 제목부터 변경해주었다. '바쁘게 사는 만큼 바쁘게 가는 CEO'로 바꾸고 제목 아래에는 머리 위에 천사링을 올린 스티브 잡스 사진을 넣었다. 공식적인 자리도 아니고 CEO 모임에서 이루어진 강의라 건강을 챙기는 않은 CEO에게 충격 요법을 주는 제목으로 뽑은 것이다. 다소 과하다고 생각하는 사람도 있겠지만 어쨌든 바뀐 강의 제목은 호평을 얻었다. "맞아, 요즘 바빠서 식사도 못 챙기고 늘 술을 밥으로 지낼 만큼 술자리도 많았는데 바쁘다고 건강 소홀히 했다가는 먼저 갈 수 있지"라며 강의 시작 전부터 동기부여가 되는 것 같았다.

강의 제목을 짓는 게 어렵다면 평소 재미있거나 좋은 글귀를 수집해 활용해보자. 책 제목이나 목차, 짧은 속담이나 격언을 활용해도 좋다. 명언, 유행어, 명대사를 활용해도 좋다. 제목뿐 아니라 슬라이드에도 내용에 맞게 후킹 문장을 써놓으면 좋다.

청중을 후킹하는 제목 짓기

1. 너무 길지 않은 문장 사용

2. 눈에 띄는 단어 사용(주제를 나타낼 수 있는 단어, 반복어, 삼행시 등)

3. 흥미를 이끄는 형용사 사용(행복한, 편리한, 현명한 등)

4. 숫자 사용(100% 만족하는, 1% 부족한 등)

5. 공감 가는 언어 사용(바쁜 만큼 바쁘게 가는 CEO)

6. 강의를 예고하는 언어 사용

⑤ 강의 기획(서론, 본론, 결론)

이제 정말 중요한 강의 기획을 할 차례다. 강의 내용을 위한 기획으로 하나의 주제로 한 편의 강의를 만들기 위한 작업이다. 나의 주장대로 청중이 공감하고 이해하도록 논리적으로 설득해야 한다. 그것이 강의 기획의 큰 숙제다.

강의 순서와 내용이 중요할 수밖에 없다. 강사를 대상으로 코칭하고 강의하면서 나는 '어떻게 하면 초보 강사들이 기획을 쉽게 할 수 있을지'에 대해 연구했고 3가지 방법을 고안해냈다. 자신의 강의 주제에 따라 적절히 활용하면 된다.

방법1: 알아야 할 순서대로

지식 강의에서 많이 쓰이는 강의 기획법이다. 가령 세금 절세 방법에 대한 강의에 청중이 이제 막 사업을 시작해 전혀 세금에 대해 모른다면 아주 기본 용어 설명부터 시작해야 한다. 그래야 강사가 쓰는 용어를 이해하고 다음 내용으로 넘어갈 수 있다. 이는 어떤 지식을 알기 위해 먼저 알아야 할 내용부터 다루는 방법이다.

예시)

주제: 완벽한 강의는 기획에서 결정된다

1. 기획이란?

2. 강의 기획에서 중요한 3요소(청중, 환경, 목적과 목표)

3. 청중 분석(HOW)

4. 강의 기획(HOW)

5. 강의 내용 기획(HOW)

예시는 '알아야 할 순서+HOW TO 방법'으로 제시되었다. 모든 강의는 'SO WHAT? 그래서 뭐 어쩌라고?' 질문에 대한 답을 제시해야 한다. 즉 모든 강의는 반드시 'HOW TO! 이렇게 하라고'를 다뤄야 한다.

방법2: HOW TO 방법 위주의 구성

정보 전달과 지식 강의에서 주로 쓰이는 강의 기획법이다. 설명과 방법에 많은 내용을 담아야 하는 자격증 강의가 대표적이다. 하지만 여기서도 분명히 동기부여가 될 수 있는 내용이 필요하다.

예시)

주제: 스파게티 요리는 면이 생명이다

동기부여: 면을 잘 삶아야 하는 이유, 면을 제대로 삶지 않으면?

HOW TO: 어떻게 해야 면을 잘 삶을 수 있나

1. 스파게티면의 특성(먼저 알아야 할 것)

2. 물의 온도(HOW TO)

3. 물의 적정량(HOW TO)

4. 삶는 시간(HOW TO)

5. 면이 잘 익는 정도 체크하는 법(HOW TO)

HOW TO 방법 위주로 다룬다고 하더라도 그 비중이 HOW TO가 많을 뿐이지 우선적으로 알아야 할 것을 먼저 다루어야 하고, 동기부여할 내용도 반드시 필요함을 잊지 말길 바란다.

방법3: 강한 설득의 구성 법칙, WWH 법칙

가장 쉬운 방법이자 가장 설득력이 강한 강의 기획법이다. 내가 가장 선호하는 기획법이기도 하다. 지식이나 정보 전달이 목적인 강의가 아니라면 이 방법으로 진행했을 때 가장 쉽게 청중을 설득할 수 있다. WWH 법칙은 WHAT(문제제기, 동기부여), WHY(WHAT에 대한 뒷받침), HOW(방법 제시)의 알파벳 앞 글자를 딴 것이다. 하나씩 살펴보자.

WHAT은 내 주장대로 하지 않으면 어떤 문제가 발생하는지를 다루는 것이다. 강한 설득이 필요하면 문제 제기가 강한 것이 좋다. 객관적인 자료와 사례를 넣어 긍정적으로 협박한다고 생각하면 된다. 강의의 서론이므로 신뢰를 주는 것이 먼저 중요하다. 주관적인 사례, 스토리 등은 이후에 넣는 것이 좋다.

서론 부분이 너무 길어지지 않도록 주의하자. 강의 주제나 형태에 따라 다르겠지만 보통 WHAT(서론) 10%, WHY+HOW TO(본론) 80%, 결론 10%로 다룬다. 방법 제시가 많아야 할지 문제 제기가 많아야 할지는 자신의 강의 주제, 목적, 목표를 어떻게 설정했는지에 따라 조정한다.

WHY는 서론에서 다룬 문제가 왜 문제인지 설명하는 것이다. 만약 WHAT에서 객관적인 자료와 함께 '공기청정기를 쓰지 않으면 호흡기에 문제가 생긴다'라는 문제를 제기했다면 WHY에서 '왜 그러한 문제가 발생했는지에 대한 뒷받침'으로 더욱 강력한 논리적인 근거를 댄다. '안팎에 존재하는 미세먼지가 폐로 들어갔을 때 이러이러한 반응을 일으킨다'고 의학적·과학적 지식으로 설명한다. 동영상을 띄우거나 강사의 경험을 추가하는 등 다양한 방법으로 뒷받침하면 된다.

HOW TO는 방법을 제시하는 것이다. '그래서 공기청정기를 써야 하는구나'라고 충분한 설득이 이루어졌다면 이제 방법을 제시해야 한다. 어떤 공기청정기를 쓰면 좋은지, 공기청정기를 선택할 때의 필수사항, 공기청정기 주의사항 등을 이야기하면 된다.

강의를 듣고 나서 공기청정기를 올바르게 사용하는 법을 실천하고 공기청정기를 구매하거나 다른 제품으로 변경할지도 모른다. 결과적으로 이러한 행동 변화가 나와야 강의 기획에 성공한 것이다.

예시)

주제: 자외선 차단제는 매일 사용해야 한다.

1. WHAT(문제 제기, 동기부여) : 햇빛으로 인한 피부질병, 노화, 암 등의 뉴스, 사례

2. WHY(WHAT에 대한 뒷받침): 오존의 파괴로 인한 심각성, 햇빛을 받은 피부의 상태, 질병과 노화,암을 유발하게 하는 이유

3. HOW(방법 제시): 햇빛을 차단하는 방법, 피부타입에 맞는 자외선 차단제 고르는 법, 자외선 차단제 올바른 사용법

⑥ 강의 내용 세부 기획

강의에 어떤 내용을 넣을지에 대한 단계다. 강의 기획이 숲 전체를 만드는 것이었다면 이제 나무를 심는 작업이다. 수집한 자료가 빛을 발하는 시간이다. 강의 기획을 할 때처럼 글로 적어

도 좋고 PPT에 바로 입력해도 좋다.

나는 어떤 내용을 어떤 순서대로 넣을지 PPT슬라이드에 대략 적는다. 이렇게 하면 시간을 좀 더 절약할 수 있다. 강의 내용 순서는 PPT리허설 때 수정할 수 있으니 신경 쓰지 말고 일단 적어보자.

수집한 자료도 넣을 위치에 텍스트로 적어둔다. 가령 영상을 넣을 위치에 'ㅇㅇㅇ영상 넣기'라고 입력해놓는 것이다. 상단 슬라이드 제목은 나중에 정해도 상관없다. 일단 스토리보드를 작성한다. 이 작업이 끝나면 이제 텍스트, 그림, 사진을 적절히 배치하면서 한 장씩 슬라이드를 완성하면 된다. 스토리보드 작성을 끝내고 나서나 강의 자료를 모두 만들고 나서 해야 할 작업이 있다. 바로 10분 폭탄 심기다.

PPT 스토리보드 작성

또 강의는 열고 닫기를 잘해야 한다. 바로 오프닝과 클로징에 이다. 오프닝을 할 때에는 동기부여, 오늘의 강의 목적, 흥미 유발 등으로 다음 내용에 집중하도록 하는 스킬이 필요하다. 클로징할 때에는 갑작스럽게 "감사합니다"로 끝내지 말고 오늘의 강의 내용을 핵심 요약해서 다시 한 번 강조해주고 강의 전체를 아우를 수 있는 짧은 일화나 명언 등으로 여운을 남기도록 하자.

이후 단계인 ⑦ 강의 준비물 체크, ⑧ 강의 시각 자료 제작, ⑨ PPT리허설(자료 수정), ⑩ REAL리허설(완벽 준비), ⑪ 강의 자료 챙기기(USB, 메일, 클라우드, 구글드라이브 등)는 물리적인 준비이므로 자세한 설명은 생략하겠다. 이상의 내용을 참고하여 강의기획서를 작성해보자.

강 의 기 획 서

강 사 명		강 의 일 정		강 의 소 요 시 간	
		강 의 시 간			
대 상		청 중 수		청 중 연 령	
성 별		강 의 장 소		강의장형태	

교 육 기 자 재		강 의 준 비 물	

청 중 준 비 물	

교 육 환 경 분 석

청 중 분 석 및 교 육 담 당 자 분 석 내 용

강 의 주 제	
강 의 목 적	
강 의 목 표	
강 의 제 목	

구 분	주 제	내 용	시 간	준 비 물
아 이 스 브 레 이 크				
서 론		1 0 분 폭 탄 배 치		
본 론		1 0 분 폭 탄 배 치		
결 론		1 0 분 폭 탄 배 치		

07
창의적 교수법을 익혀라

군 간부를 대상으로 강의를 하러 갔을 때의 일이다. 내비게이션에 군부대 위치가 제대로 나오지 않았다. 교육담당자가 안내해준 근처 초등학교 앞에서 강의 30분 전에 다시 연락을 했다. 담당자는 '초등학교 오기 약 500m 전에 군부대가 있다'고 했다. 왔던 길을 되돌아가보았지만 군부대는 보이지 않았다. 내가 헤매니까 담당자는 '호숫가를 쭉 따라오면서 우회전하라'고 했다. 역시나 나오지 않았다. 십여 분을 헤매다 결국 군부대에서 데리러 나왔다. 알고 보니 교육담당자는 내가 반대방향에서 온 것이라 생각하고 안내를 해주었던 거다.

아는 것과 가르치는 것은 다르다

자신의 기준에서 설명하다 보면 자칫 상대방을 전혀 다른 방향으로 이끌 수 있다. 초행길인 누군가에게 길을 안내할 때에도, 무언가를 배우고자 하는 누군가에게 앎을 전할 때에도 해당하는 말이다. 강사가 이끄는 방향대로 청중이 잘 따라올 수 있도록 다양한 강의기법을 활용해야 한다. 내가 아는 것을 청중도 알 수 있게 하는 사람이 제대로 가르치는 강사다.

초보 강사를 대상으로 강의하고 코칭하다 보니 "어떻게 해야 강사가 알고 있는 내용을 청중에게 잘 전달할 수 있을까?"라는 질문을 자주 받는다. 그런 질문을 받으면 나는 "내기하세요, 기태랑"이라고 말해준다. 강의에서 가장 중요한 내용(Contents), 기획(Plan), 가르치는 기술(Skill), 태도(Attitude)의 앞 글자를 따서 외우기 쉬우라고 만든 문장이다. 온라인 강의이든 오프라인 강의이든 내용, 기획, 기술, 태도는 강사에게 없어서는 안 된다.

강의의 기본 교수법

가장 먼저 강의의 기본 토대가 되는 교수법을 익혀야 한다. 교수법은 청중에게 강사가 알고 있는 내용을 전달하는 방법이라고 이해하면 된다. 즉 강의 전보다 더 나은 변화가 될 수 있도록 누구에게(WHO) 무엇을(WHAT) 어떻게(HOW TO) 가르치느냐다.

'강의식 교수법'은 가장 오랜 역사가 있는 교수법이지만 이 교수법만 고집하게 되면 청중이 쉽게 지루해한다. 뇌에 기억될 확률도 떨어져서 청중의 변화라는 강의 목표에 도달하기 어렵다. 강의식 교수법이 나쁘다고 단정하는 것은 아니다. 다만 강의식 교수법 외에 다른 교수법을 다양하게 활용해보라고 권하는 바다.

『창의적 교수법』의 저자 밥 파이크는 창의적 교수법을 '강사의 지도 아래 참가자 중심으로 이루어지는 교육'이라고 정의한다. 즉 가능한 한 청중의 참여를 이끌어내어 자발적으로 이루어지 교육이다. 성인은 다양하고 풍부한 경험을 지니고 있어서 내부적 자극에 의해 학습동기를 부여받는다. 자신이 원하는 것이면 누가 시키지 않아도 자발적으로 학습하기 때문에 성인을 대상으로 하는 강의는 주입식 강의보다는 다양한 교수법으로 참여를 이끌어 스스로 변화의 필요성을 깨닫도록 안내해야 한다. 창의적 교수법으로는 실습, 롤플레잉(역할놀이), 토론 등 다양한 방식이 있다. 어떤 방식을 활용하든지 청중이 강의 전과 후가 다르면 성공이다.

'창의적 교수법을 따르고 어떠한 기법을 활용하라'고 단정할 수 없다. 교수법에 정답은 없기 때문이다. 어떤 방식을 활용하든 강의 목적과 목표대로 동기부여가 되고 변화되면 성공한 것이다.

다만 창의적 교수법은 청중에게 강사가 아는 것을 알게 하는 학습능력, 기억하게 하는 기억력, 실제 변화하고 활용할 수 있는 실용능력을 높이는 데 도움을 준다. 그렇다면 청중의 학습능력, 기억력, 실용능력을 높이는 강의를 하려면 어떻게 해야 하는지 살펴보자.

08
청중의 학습능력을 높이는 법

강의는 크게 '청중 분석 → 강의 기획 → 강의 자료 제작 → 강의 진행 → 강의평가서 작성' 순으로 진행한다. 그중 강의 진행 순서를 다시 정리해보면 '강의 자료 화면에 띄우고 인사 → 자기소개 → 아이스 브레이크 → 오프닝 → 강의 내용 진행 → 클로징'이다. 앞으로 다룰 내용은 강의 진행 단계 중에서도 '강의 내용 진행'에 해당하는 내용으로 청중의 학습능력을 높이는 방법이다.

가네의 수업이론

교육심리학이론인 가네의 수업이론(Gagne instructional theory)은 효과적인 강의 흐름을 보여주는 수업을 제시했다.

첫째, '주의 획득하기'다. 강의에 대한 기대감을 가져오게 하는 사례나 상황을 제시하는 것이다. 청중을 자극할 수 있는 상황, 비유, 질문 등으로 기대감을 불러일으켜 강의 시작 전 주의력을 심어준다. 강의 진행 중에 집중도가 떨어질 즈음 다시 활용할 수도 있다.

예를 들어 "강사, 차별화를 가져라"라는 주제로 강의한다고 하자. 아예 숫자만 슬라이드에 크게 써놓고 "여러분은 이 숫자를 보면 어떤 것이 떠오르시나요?"라고 묻고 "이 숫자가 의미하는 것은 바로 대한민국에서 강사로 활동하는 강사의 숫자입니다" 하고 포문을 열면 청중의 주의 획득에 성공할 것이다.

둘째, '학습자에게 수업 목표 알리기'다. 학습 목표는 교육심리학에서 제시하는 중요한 원칙 중 하나다. 청중이 강의로 어떤 혜택을 받을 수 있는지, 즉 강의 목표를 제시하는 것이다. 청중이 관심 있는 목표라면 그에 도달하기 위해 강의에 집중하고 강사가 이끄는 대로 따라올 것이다.

셋째 '선수학습 회상 자극하기'다. 쉬는 시간을 갖거나 강의 시간이 길어지면 분명 수업에 집중했더라도 지금까지 무엇을 이야기했는지 제대로 간파하지 못하거나 잊어버릴 수 있다. 한 주제가 끝났을 때 혹은 쉬는 시간을 갖기 전이나 후에 강의했던 내용을 핵심 요약해서 전달하는 것이다. 흐트러졌던 기억력을 되살리고 반복학습 효과를 얻을 수 있다. 새로운 것을 추가하기보다는 전에 이야기했던 내용을 간단하게 이야기해야 한다.

넷째 '자극자료 제시하기와 학습 안내 제시하기'다. 간단히 말하자면 설명하기다. 객관적 자료라도 이왕이면 청중의 감정을 자극할 수 있는 사진, 그림, 영상, 스토리, 뉴스, 통계 등을 활용하는 것이 좋다.

김인희 수업 노하우

청중의 학습능력을 높이는 교수법과 관련하여 가네의 수업이론을 살펴봤는데, 여기에 내가 실전으로 익힌 노하우를 몇 가지 더 해보겠다.

다섯째, '설명능력 키우기'다. 설명이 제대로 이루어져야 청중을 설득할 수 있다. 설명할 때에는 상대방의 수준에 맞추는 것이 가장 중요하다. 초등 수학책과 고등 수학책을 비교해보자. 초등 수학책을 보면 컬러로 된 그림이 많다. 서술형 문제도 '놀이공원을 갔는데', '친구와 과자를 먹는데'와 같이 아이들 수준에 맞는 이야기로 되어 있다. 이에 비해 고등 수학책은 컬러는커녕 글씨 크기부터 다르다.

단순한 언어로 최대한 쉽게 설명하는 것이 중요하다. 어렵고 복잡한 내용을 쉽게 풀어 설명하는 것 또한 강사의 능력이다. 설명을 잘하려면 청중이 공감하고 쉽게 알 수 있는 것을 예로 들어 설명하는 것이 좋다.

강사의 스피치 전달력이 좋아야 하므로 말의 톤, 강조와 세기, 말의 속도 등을 잘 조절하자. 말의 속도를 늦추고 천천히 곱씹듯 강조하며 청중이 이해했는지를 파악한 후에 다음 내용으로 넘어가는 것이 좋다.

여섯째, '10분 폭탄 활용하기'다. 청중이 집중하는 시간은 10분 정도밖에 되지 않는다. 10분마다 지루할 틈 없이 팡팡 터뜨려주는 그 무언가가 필요하다. 나는 이를 10분 폭탄이라고 부른다. 그렇다고 강의와 전혀 상관없는 내용이면 강의 흐름이 끊어질 수 있다. 강의 흐름에 필요하면서도 흥미와 재미를 유발할 수 있는 것이 좋다. 실습, 롤플레잉 역할극, 게임, 퀴즈, 심리 테스트, 조별활동, 동영상 등 다양하게 활용해보자.

예를 들어 직장인 대상으로 스트레스 관련 강의를 한다고 하자. 직장인이 스트레스를 받는 이유, 스트레스를 받으면 어떤 결과를 불러일으키는지에 대해 10분 동안 강의한 후 심리 테스트로 그림을 그리게 하여 얼마나 스트레스를 받고 있는지 점검해보는 것이다.

일곱째, '음악 활용하기'다. 강의 전이나 쉬는 시간에 음악을 틀어놓는 것이다. 바흐나 헨델과 같은 바로크 음악은 뇌가 새로운 정보를 주고받도록 최적의 상태로 만들어주고, 모차르트나 베토벤과 같은 고전주의 음악은 상상력과 창의력을 높여준다고 한다. 일반 대중가요도 분위기를 전환하는 데 도움이 된다.

09
청중의 기억력을 높이는 법

청중이 강의를 듣기 전과 후가 달라지면 기획에 성공한 것이라고 앞에서 언급한 바 있다. 바꿔 말하면 강의실을 나서는 순간 그날의 강의를 깡그리 잊어버리거나 변화하겠다는 마음이 조금도 생기지 않았다면 무용지물 강의라 할 수 있다.

인간의 뇌는 정보를 감각기관을 통해 뇌로 전달하기 때문에 다양한 감각기관을 정보매체로 활용해야 한다. 강의 내용을 청중이 읽었을 때에는 10%, 듣게 했을 때에는 20%를 기억한다고 한다. 한 가지 감각기관을 활용하기보다는 다양하게 활용하면 좋다. 보고 듣게 되면 50%를, 쌍방으로 듣고 말하기를 하면 70%를,

말하고 행동하면 90%를 기억한다고 한다. 강의식 교수법보다는 창의적 교수법이 강의 진행에 효과적이다. 청중을 강의에 참여시켜 묻고 답할 기회를 주고, 실습하도록 하는 것이다.

글과 그림을 함께 배치한 시각 자료

시각자료는 간단한 글과 그림을 함께 배치했을 때 더 기억하기 쉽다. 『브레인 룰스』의 저자 존 메디나(John Medina)는 "인간의 뇌는 한 번에 30초 동안 7가지의 정보만을 기억할 수 있다"고 했다. 강사가 열정적으로 많은 정보를 짧은 시간 안에 전달하려고 해도 청중은 기억할 수 없다. 핵심을 다른 방식으로 여러 번 반복하는 것이 낫다.

또 메디나는 "어떤 사실을 기억해야 할 중요성을 충분히 설명할 수 있다면 앞으로 기억하는 데 도움이 된다. 또는 실생활과 실질적 예시를 정보와 연관시킬 수 있다면 더욱 생생해서 떠올리기가 쉬워진다"고 했다. 정보를 전달하기 전에 그 정보를 받아들여야 하는 이유를 충분히 설명하여 청중이 기억해야겠다는 동기부여가 되도록 해야 한다.

머리로 듣는 강의보다는 가슴으로 듣는 강의, 그림이 그려지는 강의의 형태로 만드는 것이 좋다. 누구나 알 만한 공감거리를

찾아 스스로 머릿속에서 그림을 그려보도록 하면 기억력을 높일
수 있다.

스토리와 질문 반복

때로는 스토리를 담은 동영상 한 편이 백 마디 말보다 더욱 효
과적일 수 있다. 실제로 강사의 말은 다 잊어버려도 동영상 내용
은 기억하는 경우가 많다.

비슷한 맥락으로 스토리텔링 기법도 활용하자. 사람들은 이론
보다 이야기에 흥미를 느끼고 집중하며 쉽게 기억한다. 누군가에
게 재미있는 이야기를 들었을 때 굳이 외우려 하지 않아도 다른 사
람에게 쉽게 전할 수 있지 않은가.

질문을 활용하자. 반복해서 묻고 대답하게 하면 더욱 기억력
을 높일 수 있다. 학창시절 한문 선생님은 한자가 나올 때마다 상
형문자와 형성문자에 대한 차이를 물었다. 다들 처음에는 대답하
지 못했지만 질문과 대답을 반복하면서 그 차이를 알게 되었다.

상징적인 문자나 노래를 활용해보자. 나는 핵심 단어의 앞글
자만 따서 기억하기 쉽게 새로운 단어를 만든다. 대중적인 멜로디
에 개사를 하는 방법도 좋다.

청중의 기억에 남는 강의가 되는 교수법을 살펴보았다. 그런

데 나는 이런 강의 스킬보다 중요한 것이 청중의 마음가짐이라고 생각한다. '이 강의는 들어볼 만하다'라는 마음가짐이 되도록 동기부여를 해주는 게 우선이리라. 강의 스킬을 발휘하기에 앞서 강의를 들었을 때 청중이 받는 혜택이 무엇인지가 설명되어야 한다.

10
청중의 활용력을 높이는 법

강의 스킬을 주제로 초보 강사 30명을 대상으로 4주 동안 강의한 적이 있다. 30명 전원이 2시간씩 4주라는 짧은 시간에 강의 스킬을 제대로 익히기는 어렵다. 시범 강의를 직접 해봐야 강의 스킬을 제대로 익힐 수 있기 때문에 인원을 제한하는 게 좋겠다고 사전에 의견을 전했지만 그대로 진행되었다.

애초에 강의 효과가 크지 않음을 알았지만 그래도 최대한 효과를 끌어내기 위해 강의 기획에 신경 썼다. 이론과 몇 가지 사례를 보여주며 스스로 강의를 기획해볼 수 있게 했다. 몇 명을 선정해 발표하도록 했고 피드백을 주었다. 기본 스피치를 익히고 '강의로 설득하기'라는 주제로 3분 강의안을 만들라는 과제를 내주고 몇 명을 선정해 발표하게 했다.

강의에 대한 전반적인 흐름은 이해했을지 몰라도 개개인의 강의력이 향상되기는 애초에 어려운 강의였다. 시범 강의를 직접 해보면서 전문가의 피드백을 받고 여러 차례 리허설을 거쳐야만 강의력 향상을 기대할 수 있기 때문이다.

강의 내용을 실전에 적용할 때 시행착오가 없으려면 강의 중에 강사 앞에서 연습해보고 피드백을 받는 게 좋다. 혹여 실수를 했다고 하더라도 전문 피드백을 받아 더 빠르게 성장할 수 있다. 이를 교육학에서는 직접 해본다는 의미로 '인지적 참여'라고 한다. 청중이 직접 해보면서 강사가 말한 강의 내용의 의미와 논리를 깨닫는 것이다.

예를 들어 엄마를 대상으로 '감정을 조절하고 내 아이에게 예쁘게 말하자'는 주제로 강의한다고 하자. 이론보다 실습 비중을 늘리는 게 효과적이다. 각자 적어보거나 조별로 말해보며 실습하거나 짝을 지어 롤플레잉(역할극)을 하면 좋다. 그리고 그 내용을 발표하고 강사가 피드백을 주는 방식으로 진행한다. 피드백은 명확한 조언보다는 '원래의 나는 어떻게 표현했는가?', '감정을 조절하고 좀 더 잘 표현할 수 있다면 어떻게 표현하겠는가?' 하고 스스로 깨달을 수 있도록 방향만 알려주는 정도로 한다. 앞으로 어떻게 해야겠다는 '변화를 위한 동기부여'가 된다면 베스트다.

청중이 강의에서 배운 대로 활용할 수 있도록 강사는 다양한 교수법을 연구해야 한다. 여기서 주의할 것은 실습을 하는 이유가 확실해야 하고 청중도 실습에 대한 필요성을 인지해야 한다는 것이다.

11

완벽한 강의에 필수조건, 청중의 동기부여

강의의 교수법보다 중요한 것은 청중이 '강사의 말대로 해봐야 겠다'고 마음먹는 일이다. '안 해봤던 것을 강의 후 해본다는 것', '하 지 말아야 할 것을 강의 후에 하지 않도록 노력하는 것', '몰랐던 것 을 강의 후 알게 되는 것'이 중요하다. 이것이 바로 동기부여다. 강 사는 청중의 동기부여 때문에 강의를 하는 것이다. '창의적 교수법' 의 창시자 밥 파이크는 청중의 동기부여를 위해 다음과 같이 안내 한다.

첫째, 필요를 느끼게 하라. '왜 이 정보가 필요한가?', '어떻게 이익을 얻을 것인가?', '실제로 어떻게 활용할 것인가?'에 대해 청중에게 전달한다.

둘째, 흥미를 불러일으키고 지속시켜라. 흥미를 유발하고 지속시킬 수 있는 방법으로 게임이나 역할 연기 외에도 다양한 방법과 기법이 있다. 참가자들의 주의를 집중시키고 학습과정에 참여시키기 위해서는 여러 방법을 혼합하여 사용한다.

셋째, 배운 내용을 생활에 어떻게 적용할 수 있는지 알려라. '이것이 어떻게 청중에게 유용할 것인가?', '이것이 의사결정, 문제해결, 판매 등에 어떻게 도움이 될 것인가?'에 대해 청중에게 전달한다.

넷째, 사람들과 만나라. 최소한 세미나 시작 15분 전에 도착해서 사람들에게 주제와 참가자들에 대한 당신의 흥미와 열정을 보여주고 그들과 이야기하는 것이 좋다. 온라인 강의의 경우에는 제한이 있기에 좀 다를 수 있으나 라이브 생방송 강의에서는 미리 입장해서 청중을 기다리는 것이 좋다.

다섯째, 눈을 마주쳐라. 주제에 대해 자신이 없거나 관심이 없는 강사들은 이마 근처나 코 주위만 계속 바라볼 뿐 절대 눈을 마주치지 않는다. 청중과 멀리서나마 눈을 마주치고 소통할 수 있도록 노력해야 한다. 온라인 강의에서 시선은 카메라를 향해야 한다. 여섯째, 선택할 수 있게 하라. 예를 들어 2~3개의 사례를 준비하여 참가자들에게 그중 하나를 선택한 다음 연구하게 하거나 3개의 실행활동을 준비하여 사람들로 하여금 그중 하나를 실행하게 하라. 인간은 자기 인생을 스스로 통제할 수 있다고 여긴다. 선택을 할 때 사람들은 만족감을 느낄 수 있다.

앞서 언급한 청중의 학습능력과 기억력을 높이고 청중이 강사의 강의 내용을 활용하도록 끊임없이 연구하는 강사가 되자.

12

재미있는 강의를 위해 연구하라

『What's The Use of Lectures(강의의 유용성)』의 저자 도널드 블라이(Donald A. Bligh)는 학생들에게 심장박동수를 체크하는 모니터를 달고 여러 강연에 참석시켰다. 강연이 시작되는 순간에 85회였던 심박수는 시간이 갈수록 점점 감소했고 30분도 채 되지 않아 80회 이하로 떨어졌다. 가만히 앉아 강연을 듣는 학생들의 몸이 휴식모드로 접어든 것이다. 마치 마취 상태로 서서히 빠져 드는 것처럼 말이다.

TED가 강연 시간을 20분으로 제한한 이유도 여기에 있지 않을까. 인간은 수백만 년에 걸쳐 사냥과 노동으로 생존해왔다. 다시 말해 생존을 위해 두뇌와 근육을 사용해왔다. 강의처럼 가만히 앉아 한 사람의 이야기만 듣게 하면 집중력이 흐트러지고 지루함을 느낄 수 있다.

재미 요소를 10분 폭탄처럼 강의 곳곳에 심어두어야 한다. 하품을 연신 해대거나 표정이 점점 굳어지며 꾸벅꾸벅 졸게 되는 것은 어쩔 수가 없다. 전날 밤을 지새우고 피로한 상태에서 강의를 듣는 게 아니라면 청중을 졸게 만든 원인은 강사에게서 찾을 필요가 있다.

강의 시간을 즐기고 강사가 전달하려는 메시지를 이해하고 동기부여가 되어 변화까지 이루어진다면 완벽한 강의가 아닐까. 그렇다면 재미있게 강의를 진행하기 위해서는 어떻게 해야 할까?

재미를 유발하는 재료를 추가하라

청중을 사로잡는 명연설의 비결을 다룬 『명연사 명연설 명강의』의 저자 스콧 버쿤(Scott Berkun)은 "사람을 지루하지 않게 만드는 법은 사람들이 관심을 많이 보이는 소재 다루기"라고 했다. 10분만에 지루함을 느끼는 청중을 맛있는 음식, 자신과 관련된 문제, 자신이 공감하는 문제, 재미있는 수수께끼 같은 소재로 다시 집중하게 한다는 것이다.

또 스콧 버쿤은 "사람을 지루하지 않게 하려면 참여시켜라"라고 했다. 가만히 앉아 움직일 수도 없는 청중을 이제 그만 생존할 수 있도록 지옥에서 꺼내라는 말이다. 그는 청중을 참여시키는 방법으로 '손을 들어달라는 요청'을 꼽았다.

나 역시 강의 중에 가장 많이 사용하는 방법 중 하나다. 말투에 관한 내용을 다룰 때 시어머니와 며느리가 대화하는 드라마 영상을 보여주고는 누가 잘못 했다고 생각하는지 거수하게 한다. 그리고 몇 명에게 왜 그렇게 생각하는지도 묻는다. 청중이 지루해질 즈음 짧은 영상을 보여주고(시각, 청각) 손을 들게 하고 대답하게 한 것이다(몸짓, 말하기).

심리 테스트, 체질 테스트, 퀴즈도 10분 폭탄으로 추천한다. 10분 폭탄은 강의를 진행하면서 지루할 틈에 하나씩 심어두는 방식이기 때문에 강의 내용과 전혀 무관한 내용이 되면 강의의 흐름을 깨뜨릴 수 있다. 강의에 어울리는 10분 폭탄을 연구해보자.

PPT자료로 시각적 자극을 주어라

PPT자료의 색상, 글씨 크기 등도 중요하다. 색상이 형광이면 눈이 피곤해진다. 글씨 크기가 작으면 청중이 그 글씨를 읽으려고 애쓰다 지칠 수 있다. 온라인 강의도 화면에 글씨가 잘 보이는지 신경 써야 한다.

PPT자료에 텍스트만 빽빽해도 청중의 집중력이 흐트러지기 쉽다. 그렇다고 텍스트 없이 그림만으로 구성하면 이해도가 떨어진다. 그림과 텍스트를 균형 있게 배치하는 것이 좋다.

너무 화려한 PPT자료는 지양하자. 애니메이션 효과도 얌전한 것으로 적당히 활용하는 것이 좋다. 간혹 PPT자료를 디자인업체에 맡기는 강사도 있다. 디자인업체에 맡긴 PPT자료로 한 강의를 들은 적이 있는데, 확실히 PPT자료만으로 볼거리가 되었다. 하지만 정작 강사가 전달하려는 메시지는 눈에 들어오지 않았다. 강의 무대의 주인공이 강사가 아닌 PPT자료가 되어버리고 만 것이다.

지루한 내용은 스토리텔링으로 말하라

회계를 모르는 이들을 대상으로 회계의 기초를 강의하려는 강사를 코칭한 적이 있다. 나는 그에게 "저는 회계에 대해 모릅니다. 저를 이해시키는 걸 목표로 해보세요"라고 했다. 생소한 용어 때문에 회계가 더 어렵게 느껴져서 용어 설명을 쉽게 하는 것부터 코칭했다. 내용과 용어가 어려우면 사람들은 쉽게 지루해할 수 있다. 물론 배우고자 하는 사람들이라 다를 수 있지만 어려우면 집중도가 떨어지는 건 사실이다.

강사는 숫자가 잔뜩 들어 있는 표를 띄우고 순이익에 대해 설명했는데 이해도 안 되고 지루해서 순간 최면에라도 걸린 듯 멍해지기까지 했다. 나는 "숫자로만 설명하지 말고 스토리텔링을 활용해보세요"라고 권했다. 잠시 생각해보던 강사는 이렇게 설명했다.

"떡볶이집을 하는 사장님이 떡볶이를 팔아 한 달 매출이 2,000만원이 되었습니다. 2,000만원은 순이익이라고 볼 수 있을까요? 없죠. 왜? 떡볶이를 팔면서 가게 월세와 재료비, 그 외 공과금도 나가기 때문이죠."

머릿속에 그림이 그려지면서 훨씬 이해하기 쉬웠다. 어려운 내용은 스토리텔링 기법이나 누구나 알 만한 예시를 활용하면 지루함을 없애는 데 유용하다.

말의 속도, 리듬감으로 재미있게 표현하라

지루하고 재미없게 말하는 사람들을 보면 대체로 말에 리듬감이 없다. 리듬감은 목소리의 높낮이와 말의 속도라 할 수 있다. 나는 밤에 잠이 오지 않을 때 유튜브에서 '잠 잘 오는 음악'을 검색해 듣는다. 수면 유도 음악은 리듬감이 없어 은은하고 잔잔하다.

자신의 강의 리듬감이 잔잔한 음악에 가까운지 댄스가요에 가까운지 생각해보자. 목소리가 낮고 말 속도가 느리면 청중은 꾸벅

꾸벅 졸게 될 것이다. 그것이 아니라면 말 속도, 목소리 톤, 강약 조절 등을 신경 써서 쾌활한 에너지가 청중에게 전달되도록 하자.

로봇처럼 딱딱한 말투, 국어책 읽듯 강의하면 발 강의가 되고 만다. 자연스럽게 대화하듯이 강의하자. 아나운서보다는 예능 MC의 화법에 더 가깝다. 김미경 강사는 초보강사 시절 자연스러운 스피치 표현을 위해 엄마한테 말하듯 강의했다고 한다. 말에 힘을 빼고 자연스럽게 표현하는 연습을 REAL리허설 때 해보고 이를 촬영해 돌려보면 좋다. 비언어와 언어가 모두 어색함이 없는지 체크해보자.

13
책 속에 보물이 가득하다

책을 읽는 강사가 프로 강사라고 단정할 수는 없다. 하지만 항상 익히고 배워야 할 강사가 책을 읽는 건 당연한 수순이라고 생각한다. 독서는 가장 쉽게 지식을 습득할 수 있는 수단이기 때문이다. 작가는 각 주제에 대한 지식과 정보를 자료화하여 자신의 경험과 함께 녹여 독자에게 베풀려는 마음으로 책을 썼을 것이다. 강사도 작가도 '열심히 배우고 익혀서 남 주는 직업'인 것 같다.

또 책은 강의 자료로 활용하기에도 좋다. 강의 자료 활용이 손쉬운 독서법을 소개한다. 처음에는 책을 읽으면서 중요한 부분에 밑줄 긋고 모서리를 접고 포스트잇에 어떤 강의에 활용하면 좋을지 메모해놓았다. 그랬더니 강의 자료를 만들 때 여러 권의 책을 책장에서 꺼내 일일이 밑줄 그어놓은 부분을 찾아야 해서 불편했다.

그다음에 생각한 독서법은 밑줄 그어놓은 부분만 추려 노트에 옮겨 적는 것이다. 그렇게 정리하면 노트 한 권에 8~9권의 책을 추릴 수 있다. 언제든 가볍게 꺼내서 8~9권을 핵심만 다시 읽을 수 있다. 하지만 일일이 적어야 해서 번거로웠고 손도 아팠다. 자료를 찾으려면 한 장 한 장 뒤져가며 확인하는 것도 불편했다.

핵심 요약 노트를 3권까지 쓰고서야 가장 편한 방법을 찾았다. 노트 대신 파워포인트에 적는 것이다. 핵심만 요약해서 적기도 하고 문장 그대로 적기도 한다. 이때 페이지도 함께 적으면 나중에 찾기 편하다.

그것마저도 귀찮을 때에는 아예 책을 사진으로 찍어 PPT에 그림 파일로 넣어둔다. 또 강의할 때 넣으면 좋을 것 같은 10분 폭탄, 오프닝, 클로징 등이 떠오르면 미리 넣어놓는다. 슬라이드 전체를 한눈에 볼 수 있어 필요한 구절을 찾기도 쉽다.

책은 논리적으로 구성되어 있어서 순서대로 옮기기만 하면 훌륭한 강의 자료가 된다. 책에는 객관적인 자료와 작가의 경험과 사례가 모두 있다. 이제 책 내용에 나의 사례를 덧붙이기만 하면 강의 한 편은 쉽게 완성할 수 있다. 제목도 목차도 이미 있다.

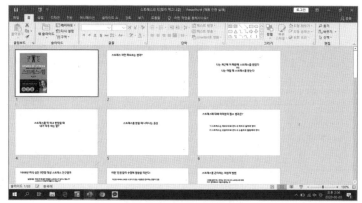
책의 핵심 내용을 PPT로 정리하기

　　강사가 말로써 청중을 변화시킨다면 작가는 글로써 독자를 변화시킨다. 책을 읽고 변화할 수 있는 기회를 얻고 동기부여를 할 수 있다. 강사에게 책은 강의에 활용할 수 있는 최고의 보물이 아닌가 싶다.

ZOOM으로 *온라인 라이브 강의하는 법*

기업의 온라인 라이브 강의는 보통 ZOOM으로 세팅되는 경우가 많다. 강사가 직접 ZOOM으로 라이브 강의를 진행할 수도 있다. ZOOM으로 온라인 라이브 강의를 하는 법을 간단히 정리해 보았다.

사이트 접속 및 로그인하기

ZOOM 사이트(www.zoom.us)에 접속한다. 사이트 하단에 보면 '다운로드'를 클릭해서 플러그인을 다운로드한다. 회원가입을 하거나 구글, 페이스북 계정으로 로그인할 수 있다. 로그인을 완료

ZOOM 로그인 후 첫 화면

했다면 다음과 같은 화면을 확인할 수 있다.

새 회의(주황색 카메라 아이콘)를 클릭하면 바로 회의를 진행할 수 있고 예약(파란색 달력 아이콘)을 누르면 시간을 정해서 진행할 수 있다.

ZOOM 강의에 초대하는 법

새 회의를 클릭하면 연결된 웹캠으로 찍히는 모습이 화면에 나온다. 컴퓨터 오디오로 참가를 누르라는 메시지가 보인다. 클릭하면 내 목소리가 강의에 참가한 청중에게 들린다.

왼쪽 하단에 비디오 중지 아이콘을 클릭하면 영상이 멈추고 비디오 아이콘에 빨간색의 사선이 체크되며 영상이 보이지 않게

강의 초대 예시 화면

된다. 이때 구글계정에 프로필 사진이 있으면 그 이미지가 대신 송출된다(사진 참고). 다른 사진으로 교체하고 싶으면 비디오 중지 아이콘 옆에 있는 작은 화살표를 눌러 '가상배경 선택 → 프로필 → 프로필 편집'으로 사진을 바꿀 수 있다. 가상배경 선택에서 배경 및 필터를 누르면 촬영 배경을 사진으로 설정할 수도 있다.

왼쪽 상단에 ⓘ를 클릭해 '초대 링크 URL'을 복사해서 초대하고자 하는 사람에게 전송하면 된다. 하단의 참가자 아이콘 옆에 작은 화살표를 클릭해 연락처나 이메일로 초대할 수도 있다. 상대방은 ZOOM애플리케이션만 설치하면 된다(회원가입은 필요 없음).

상대방이 링크를 클릭하면 "ㅇㅇㅇ님이 이 회의의 대기실에 입장했습니다"라는 메시지와 함께 수락 창이 뜬다. 수락하면 상대방의 얼굴을 확인할 수 있다. 상대방이 자신의 얼굴이 노출되지 않도록 설정할 수도 있다. 그 밖에 회원ID를 공유해주고 상대방이 ID를 입력해서 입장하는 방법도 있으니 참고하자.

화면 구성하는 법

오른쪽 상단에 '갤러리 보기'를 누르면 참가자 전원을 볼 수 있고 '발표자 보기'를 누르면 자신의 화면만 볼 수 있다.

상대방 영상 화면에 말줄임표 파란색 박스를 클릭하면 다양한 기능을 활용할 수 있다. 상대방의 이름을 변경하거나 상대방의 화면을 고정할 수 있다. 내 화면에서만 상대가 메인으로 보일 뿐 다

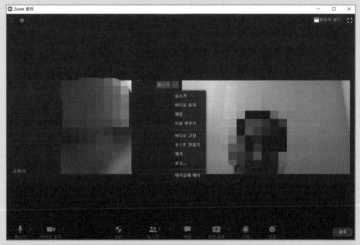

화면 구성 예시 화면

른 사람에게는 그렇게 보이지 않는다. 메인화면에 한 명만 랜덤으로 보이게 하려면 '추천 비디오'를 누르면 된다.

참가자 관리 옆에 있는 작은 화살표를 누르면 참가자 리스트를 확인할 수 있다. 모두 음소거를 누르면 참가자 전체의 소리가 나지 않도록 설정할 수 있다. 모든 음소거 해제를 누르면 다시 모든 참가자의 소리를 들을 수 있다. 오른쪽 아래에 더보기를 누르면 '입장 시 참가자 음소거'라는 기능이 있는데, 이를 활용하면 입장 전의 모든 소리를 차단할 수 있다.

채팅 아이콘을 클릭하면 카카오톡처럼 전체 채팅이 가능하다. 모두에게 메시지를 보낼 수도 있고 일대일 비밀 채팅을 할 수도 있다.

화면 공유 아이콘을 클릭하면 강의 자료가 화면에 나온다. 다시 강사의 얼굴이 보여야 한다면 맨 위에 있는 빨간색의 공유 중지 아이콘을 클릭하면 된다.

화면 공유에서 '화이트보드 공유'를 클릭하면 여러 사람이 한 도화지에 그릴 수 있다. 만약 강사만 이 도화지를 사용하게 하고 싶으면 상단 메뉴바에 더보기를 클릭한 후 '참가자 조석 사용 안 함'을 체크하면 된다. 참고로 함께 화이트보드를 사용할 경우, 누가 쓴 내용인지 알려면 더보기를 클릭한 후 '주석표시기 이름 표시'를 체크하면 확인 가능하다.

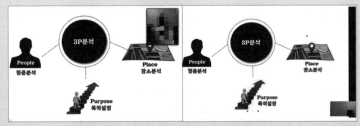

(왼쪽) 강사에게 보이는 화면 (오른쪽) 상대방에게 보이는 화면

마지막으로 기록 아이콘은 강의 녹화 기능이다. 강의가 시작할 때 기록을 클릭하고 끝날 때 종료를 클릭하면 음성과 영상이 따로 자동 저장된다. 녹화파일이 저장된 폴더가 화면에 뜨면서 바로 확인할 수 있다. 저장 파일은 '내 문서>ZOOM 폴더'에서 찾을 수 있다.

강의가 모두 종료되었으면 오른쪽 하단의 '회의 종료' 아이콘을 클릭한다. '모두에 대해 회의 종료'를 클릭하면 강의가 마무리되고 '회의 나가기'를 클릭하면 강사만 나갈 수 있다.

좀 더 자세한 설명이 필요하면 유튜브에 영상이 많이 공유되어 있으니 참고하자. 온택트 시대에 맞춰 ZOOM을 익혀두자. 직접 특강을 열거나 기업에서 ZOOM 강의를 제안했을 때 당황하지 않도록 미리 대비하자.

영상 편집, 욕심내지 말고 최대한 쉽게

영상 욕심이 있는 강사는 프리미어라는 전문가용 프로그램으로 영상 편집에 공을 많이 들이기도 한다. 하지만 편집을 너무 신경 쓰다가 자칫 온라인 강의 자체를 꺼려할 우려가 있다. 그러니 차라리 간단한 편집 프로그램으로 심플하게 만드는 게 낫다.

사실 강의 영상은 전문 유튜버의 영상처럼 고퀄리티일 필요는 없다고 생각한다. 조잡한 자막이나 이모티콘은 덜어내고 깔끔하게 편집하는 게 더 전달력이 높을 것이다. NG 부분을 자르고 핵심적인 내용이나 영상 촬영 때 전달하지 못했던 내용을 자막으로 입히는 정도의 편집이 좋다.

윈도우 무비 메이커 활용하기

NG 영상을 자르고 간단한 자막을 넣는 작업을 쉽게 할 수 있는 편집 프로그램으로 '윈도우 무비 메이커'를 추천한다. 네이버 소프트웨어에서 검색하면 프로그램을 다운받을 수 있다.

프로그램을 열어 '비디오 및 사진추가로 영상 가져오기 → 편집 → 분할'을 클릭하면 화면이 나뉜다. 분할된 영상 중 삭제할 영상을 클릭해 Delete키로 잘라낼 수 있다.

자막을 넣을 때에는 홈 틀에 자막을 넣고 자막을 얼마나 화면에 띄울 건지 재생시간을 설정해주면 된다. 이때 윤곽선과 글꼴을 두껍게 해주면 자막이 훨씬 잘 보인다.

저작권이 있는 사진과 글꼴사용 주의하기

동영상은 기록이 남는다. 오프라인 강의보다 몇 배는 더 신경써서 촬영해야 한다. 저작권이 있는 사진과 글꼴을 무단으로 사용했다가는 문제가 될 수 있다.

사진이 있으면 별도의 PPT템플릿이나 디자인 없이도 꽤 고급스러움을 표현할 수 있다. 하지만 저작권이 있는 사진이 대부분이다. 그렇다고 사진 위에 글씨가 가득 쓰여 저작권이 있음을 표현하는 사진을 쓸 수도 없다. 비용을 지불하고 사용하기에도 부담스

럽다.

이때 가장 쉬운 방법 중 하나가 Office365 프로그램이다. 이 프로그램으로 파워포인트를 사용하면 돈을 지불해야 하는 유료 사진 사이트 셔터스톡(www.shutterstock.com) 이미지를 무료로 사용할 수 있다. 물론 Office365프로그램도 유료다. 하지만 초중고 자녀를 둔 부모라면 무료로 사용할 수 있다. Office365 공식사이트(www.o365edu.net)에 가입 인증 코드를 받으면 가능하다. Office365 프로그램을 다운받고 파워포인트를 열어 '삽입 → 그림 밑 화살표'를 클릭하면 셔터스톡 이미지가 뜬다. 그 외에 무료 이미지를 제공하는 사이트를 추천한다.

- 픽사베이(pixabay.com)
- 언스플래시(unsplash.com)
- 모그파일(www.morguefile.com)
- 프리레인지스탁(freerangestock.com)
- 스탁스냅(stocksnap.io)
- 픽점보(picjumbo.com)

글꼴은 눈누(noonnu.cc)를 추천한다. 이 사이트는 상업용으로 사용이 가능한 글꼴 사이트와 글꼴을 한데 모아놓은 플랫폼 사이트다. 사이트에 들어가서 문구 입력창에 글을 입력하면 글씨가 모든 글꼴로 적용되어 한눈에 볼 수 있다. 영상에서는 무엇보다 글씨가 잘 보여야 하기 때문에 진한 글씨체로 자막을 입히는 게 좋다.

MBTI 성격유형 검사와

강의력

01
MBTI 성향에 맞는 *강의력 향상법*

MBTI(Myers-Briggs Type Indicator)는 심리학자 카를 융의 성격 유형을 바탕으로 캐서린 브리그스와 딸 이사벨 마이어스, 손자 피터 마이어스에 걸쳐 70년 동안 연구 개발된 심리검사다. 우리나라는 물론 〈포춘〉이 선정한 세계 500대 기업에서도 조직, 인사관리에 활용하고 있는 과학적으로 검증된 성격검사다.

나는 강사가 되고 싶은 사람, 강의를 잘하고 싶은 강사를 코칭하면서 '자신의 장점을 살리고 자신에게 부족한 부분을 채워 강의하면 좋겠다'는 생각이 들었다. 그날 이후로 나는 코칭 첫날에는 MBTI 성격유형검사를 실시한다. 코칭자와 함께 결과를 보며 장점을 살리고 부족한 부분을 채우는 방식으로 코칭 계획을 짠다.

MBTI는 4가지 요소와 4가지 기질로 판단하는 16가지 성격 유형이다. 더 자세한 것은 MBTI 관련 서적이나 자료를 참고하기 바란다. 이 책에서는 4가지 요소에 관해서만 간략히 다루도록 하겠다.

'에너지를 어떻게 쓰는가?', '정보를 어떻게 인식하는가?', '의사결정을 어떻게 내리는가?', '어떤 라이프스타일을 선택하는가?'의 4가지 척도로 외향성(Extraversion)/내향성(Introversion), 감각형(Sensing)/직관형(iNtuition), 사고형(Thinking)/감정형(Feeling), 판단형(Judging)/인식형(Perceiving)으로 성격 유형을 파악할 수 있다.

진하게 표시해둔 알파벳을 순서대로 적으면 그것이 성향이 된다. 가령 내향성, 직관형, 감정형, 판단형이라면 INFJ 성향이다. 이렇게 총 16가지 성향 중 자신이 어떤 성향인지 알 수 있다.

외향성과 내향성

다음은 '에너지를 어떻게 쓰는가?'를 척도로 외향성과 내향성을 나누는 검사지다. 해당하는 항목에 V를 표시하자. 체크가 많이 된 성향이 자신의 성향이다. 자신의 성향이 외향성인지 내향성인지 체크해보고 나의 TYPE에 동그라미를 하자.

NO	외향성(E TYPE)	V	내향성(I TYPE)	V
1	나는 여러 사람들과 사귀는 편이다.		나는 소수의 몇 명의 사람들만 사귀는 편이다.	
2	처음 보는 사람들과도 대화를 곧잘 하는 편이다.		처음 보는 사람이 나에게 먼저 말을 걸어야 대화가 시작된다.	
3	사람들 앞에 서는 일은 설레는 일이다.		사람들 앞에 서는 일은 떨리는 일이다.	
4	나는 사람들과 함께 하는 시간을 더 많이 즐긴다.		나는 혼자만의 시간을 더 많이 즐긴다.	
5	나는 많은 사람들 앞에서 이야기하는 것이 좋다.		나는 몇몇 소수의 사람들과 이야기하는 것이 좋다.	
6	사람들과 함께 일할 때 일이 더 잘된다.		혼자서 일을 할 때가 일이 더 잘된다.	
7	나의 생각과 느낌을 말로 표현하는 것이 편하다.		나의 생각과 느낌을 글로 표현하는 것이 편하다.	
8	주위사람들은 나를 활발한 편이라고 말한다.		주위사람들은 나를 얌전한 편이라고 말한다.	
9	나는 일을 할 때 문을 열어야 집중이 잘된다.		나는 일을 할 때 문을 닫아야 집중이 잘된다.	
10	나는 일이 막힐 때 외부에 도움을 요청한다.		나는 일이 막힐 때 어떻게든 혼자서 해결하려 노력한다.	
	합계		합계	
	나의 TYPE은?		외향성E OR 내향성I	

"강사님, 저는 강사가 되고 싶은데 사람들 앞에 서면 너무 떨리고 내성적인 성격이라 잘할 수 있을까요?" 내가 강의 코칭을 하면서 코칭자로부터 수없이 받은 질문이다. 결론부터 말하면 내향적인 성격이어도 강의를 잘할 수 있다. 외향적인 강사가 자신의 콘텐츠를 유쾌한 쇼맨십으로 잘 풀어낸다면 내향적인 강사는 세심하고 꼼꼼해서 강의 기획을 잘한다. 그러니 강의하기에 더 좋은 성향은 없다.

외향성은 주변 사람들로부터 에너지를 얻기 때문에 강의 준비과정보다는 강의 진행과정에서 행복감을 느낀다. 또 처음 만나는 교육담당자나 청중과의 라포 형성도 쉽게 하는 편이다. 강의 첫 문을 여는 아이스 브레이크도 레크리에이션처럼 재미있게 진행해서 요즘 기업 강의 요구사항에 자주 등장하는 "재미있게 해주세요"에 더욱 자신감을 갖는다. 의식적으로라도 강의 준비를 신경 쓰면 좋다.

외향성이 강의 진행에 강하다면 내향성은 강의 준비와 기획에 강하다. 좋은 강의 기획이 좋은 강의 자료와 내용을 만든다. 쇼맨십이 부족하더라도 동영상이나 사진, 10분 폭탄, 스팟 등으로 얼마든지 재미요소를 넣을 수 있다.

내향성 강사는 자칫 일방소통으로 강의하는 실수를 범하기 쉽다. 특히 온라인 강의는 카메라를 보고 강의하기 때문에 더욱 일방소통으로 진행하기 십상이다. 중간중간 청중의 반응을 살피며 호흡을 조절하자.

　내향성 강사 중에 목소리가 작고 힘이 없어 강의 텐션을 떨어뜨리는 사람도 있다. 마이크가 가까이 있더라도 목소리 자체에 힘이 없으면 청중에게 그대로 전달된다. 강사가 힘이 없으면 청중도 자연스레 힘이 빠지게 된다. 밝고 유쾌한 목소리를 내는 노력이 필요하다.

감각형과 직관형

다음은 '정보를 어떻게 인식하는가?'를 척도로 감각형과 직관형을 나누는 검사지다. 해당하는 항목에 V를 표시하자. 체크가 많이 된 성향이 자신의 성향이다. 자신의 성향이 감각형인지 직관형인지 체크해보고 나의 TYPE에 동그라미를 하자.

NO	감각형(S TYPE)	V	직관형(N TYPE)	V
1	나는 현실적이고 실용적인 사람이다.		나는 상상을 즐기는 창의적인 사람이다.	
2	나는 내가 직접 경험한 것을 신뢰한다.		나는 본능적으로 직관한 것을 신뢰한다.	
3	나는 지금 이 순간을 더 중요시 생각한다.		나는 미래에 미칠 영향을 중요시 생각한다.	
4	나는 기존에 것을 유지하는 것이 편하다.		나는 새로운 것에 흥미를 느낀다.	
5	나는 자료를 바탕으로 한 것을 신뢰한다.		나는 색 다른것에 이끌리고 새로운 방법을 찾는다.	
6	어려운 일에 부딪혔을 때 멘붕이 온다.		어려운 일에 부딪히면 도전의식이 불타오른다.	
7	나는 누군가의 아이디어를 실현하는 사람이다.		나는 아이디어를 제공하는 사람이다.	
8	나는 부지런하고 성실한 편이다.		나는 기발하고 엉뚱한 편이다.	
9	나는 보이는 것을 그대로 표현한다.		나는 연상되는 것을 표현한다.	
10	나는 복잡하지 않게 직설적으로 짧게 표현한다.		나는 다소 복잡하고 우회적으로 길게 표현한다.	
	합계		합계	
	나의 TYPE은?		감각형S OR 직관형N	

감각형은 오감을 통해, 직관형은 육감을 통해 판단하고 행동한다. 감각형은 지금 이 순간 경험하고 있는 것에 관심을 기울이기 때문에 나무를 보는 사람이라면 직관형은 관련성에 초점을 맞추기 때문에 숲을 보는 사람이다.

강의 자료를 만들 때 감각형은 강의 기획서를 작성하지 않고한 장 한 장 슬라이드에 자신이 강의 주제와 관련해 필요하다고 생각하는 내용을 채워 넣는 것부터 시작한다. 효용성이 있어 청중에게 반드시 필요한 내용들 위주로 담으며 기존 경험이나 신뢰할 수있는 객관화 자료인 통계, 뉴스, 논문 등을 선호한다.

기존에 있는 것을 새롭게 하여 차별화된 강의 콘텐츠를 만들어보는 것이 좋다. 예를 들어 직관형이 전혀 세상에 없던 공기청정기를 만들어냈다면 감각형은 공기청정기와 가습기를 결합한 제품을 만들어내는 창의성을 가졌다.

감각형은 분명하고 직설적으로 말한다. 언어를 필요에 의한도구로 사용하는 '도구적 커뮤니케이션'을 한다. "밥 먹자", "기분별로다" 같은 말이다. 반면 '표출적 커뮤니케이션'은 감정을 표출하기 위한 수단으로 언어를 사용하는 것이다. "나는 오늘 점심부터 굶어서 배가 고파 밥 먹자", "나는 오늘 강의를 생각한 것만큼잘 진행하지 못해서 너무 속상해" 같은 말이다. 때로는 사례를 예로 들어 스토리텔링으로 표출적 커뮤니케이션을 하면 좋다. 표정과 말투에도 감정을 넣어 표현해보자.

직관형은 강의 전체의 주제를 먼저 생각하고 기획서를 작성한 후에 강의 순서와 설득을 위한 논리가 맞는지를 보고 강의 자료를 제작한다. 자신이 강의 자료를 제작하며 많은 창의적인 아이디어를 내어 재미를 줄 수 있는 스팟을 잘 만들어낸다. 하지만 창의적인 것에만 집중한 나머지 효용성을 놓칠 수 있다. 창의적인 것을 시도했을 때 청중의 반응과 평가에 집중하여 강의 자료를 그때그때 수정하는 것이 좋다.

직관형은 복잡하고 우회적인 표현을 많이 사용한다. 어떠한 내용에 대해 불필요한 말들이 붙어 청중에게 지루함을 줄 수도 있다. 확실하고 명확하게 표현하는 것이 좋다. 다만 비유 표현은 강의 스킬이 될 수 있으니 적절하게 사용하자.

사고형과 감정형

다음은 '의사결정을 어떻게 내리는가?'를 척도로 사고형과 감정형을 나누는 검사지다. 해당하는 항목에 V를 표시하자. 체크가 많이 된 성향이 자신의 성향이다. 자신의 성향이 사고형인지 감정형인지 체크해보고 나의 TYPE에 동그라미를 하자.

NO	사고형(T TYPE)	V	감정형(F TYPE)	V
1	나는 객관적으로 의사결정을 하는 편이다.		나는 주변 상황을 고려해서 의사결정을 하는 편인다.	
2	나는 논리적이고 분석적인 사람이다.		나는 감정적이고 정서적인 사람이다.	
3	상대방의 마음에 상처를 주더라도 솔직하게 말해야 도움이 된다고 생각한다.		상대방에게 상처를 주지 않기 위해 선의의 거짓말도 필요하다고 생각한다.	
4	나는 논리정연한 주장에 설득당한다.		나는 감정의 호소에 설득당한다.	
5	나는 자기 주장이 강한 편이다.		나는 다른 이들에게 협조적인 편이다.	
6	칭찬에 인색한 편이다.		칭찬을 잘하는 편이다.	
7	나는 객관적인 사람이다.		나는 주관적인 사람이다.	
8	핵심에 곧바로 접근하는 타입이다.		잡담과 수다로 먼저 시작하는 타입이다.	
9	논쟁과 토론을 좋아한다.		논쟁, 갈등, 대립을 피한다.	
10	단정적인 화법을 많이 사용한다.		감정적인 화법을 많이 사용한다.	
	합계		**합계**	
	나의 TYPE은?		**사고형T OR 감정형F**	

사고형은 논리적·분석적이라 객관적으로 의사결정을 하고 강의 자료도 탄탄해서 내용에 신뢰가 간다. 하지만 화법이 단정적이라 청중을 마음으로 이끌기 쉽지 않고 다소 냉정한 인상을 줄 수 있다. 칭찬도 인색해 강사의 질문에 답한 청중이 민망해할 수 있다. 칭찬하는 습관을 기르고 감정으로 다가가 청중과의 라포르 형성으로 설득할 수 있는 노력이 필요하다.

감정형은 사람들과 라포르 형성을 잘해서 청중이 쉽게 마음을 연다. 감동적인 사례, 스토리, 동영상을 활용한 강의 내용을 잘 구성한다. 다만 감정 호소에 설득당하기가 쉬워서 다른 이들에게 이용당하기도 한다. 특히 자신의 능력보다 적은 강의료를 받아도 조정 요구를 못한다. 논리적인 내용을 추가해 강의 자료를 구성하면 설득력이 더 높아질 것이다. 또 상황에 따라서는 논리적이고 객관적인 화법을 구사하는 연습이 필요하다.

판단형과 인식형

다음은 '어떤 라이프스타일을 선택하는가?'를 척도로 판단형과 인식형을 나누는 검사지다. 해당하는 항목에 V를 표시하자. 체크가 많이 된 성향이 자신의 성향이다. 자신의 성향이 판단형인지 인식형인지 체크해보고 나의 TYPE에 동그라미를 하자.

NO	판단형(J TYPE)	V	인식형(P TYPE)	V
1	나는 결정을 신속하고 쉽게 내린다.		나는 결정에 앞서 불안하고 걱정스러워 생각에 대한 시간이 필요하다.	
2	나는 과정보다는 결과를 중시한다.		나는 결과보다는 과정을 중시한다.	
3	나는 시간을 잘 지키는 편이다.		나는 자주 지각을 하는 편이다.	
4	나는 일을 끝낸 후에 쉬는 편이다.		나는 일을 여유 있게 하는 편이다.	
5	일정표를 꼼꼼하게 짜서 계획표대로 움직인다.		짜여진 일정대로 틀에 맞춰 움직이는 것이 힘들다.	
6	나는 고집스럽고 완고한 편이다.		나는 우유부단한 편이다.	
7	나는 조직적인 생활이 좋다.		나는 조직적인 생활이 불편하다.	
8	나는 한번 결정한 것을 잘 뒤집지 않는다.		나는 융통성 있게 상황에 따라 결정을 바꾼다.	
9	나는 전통주의자다.		나는 자유주의자다.	
10	나는 단정하고 정돈된 정장을 선호한다.		나는 헐렁하고 편안한 옷을 선호한다.	
	합계		**합계**	
	나의 TYPE은?		**판단형T OR 인식형F**	

판단형은 결정을 신속하게 내리고 과정보다는 결과를 중시한다. 교육담당자의 말을 듣고 스스로 판단해 결정을 내버리기 때문에 소통에 차질이 있을 수 있다.

또 강의 결과가 좋으면 됐다며 자칫 부분적인 강의 내용에 소홀할 수 있다. 다소 보수적이고 고집도 완고해 청중이나 교육담당자와의 소통이 원활하지 않을 수 있다. '한번 내린 결정은 절대 틀어져서는 안 된다'는 생각보다는 상황에 따라 융통성 있게 하는 것이 좋다.

인식형은 결정을 신중하게 내리고 과정을 중시한다. 성격 급한 교육담당자라면 다소 답답하다고 여기고 다른 강사에게 강의 기회를 넘겨버릴 수 있으니 유의하자.

또 시간관념이 없는 경우가 많아서 지각하거나 임박해서야 도착한다. 온라인 강의용 촬영 영상을 제출하기로 한 날짜에 주지 못하는 불상사도 있다. 또 너무 강의를 빨리 끝내거나 너무 늦게 끝내서 교육담당자와 청중의 눈살을 찌푸리게 하기도 한다. 강의할 때에는 적어도 20분 전에 모든 준비를 완료하고 10분 정도 일찍 끝내는 것이 좋다.

인식형은 조직 생활을 불편해해서 사내 강사보다는 프리랜서 강사를 선호한다. 또 자유로운 성향 때문에 옷차림도 너무 격식이 없을 수 있고 짝다리를 짚거나 주머니에 손을 넣거나 단상에 기댄 채 강의할 수도 있다. 또 말실수를 저질러 청중을 돌아서게 할 우려가 있으니 말 표현에 주의해야 한다.

02
내 성향에 맞는 강의 계획

MBTI 4가지 요소, 8가지 성격으로 강사로서 자신이 가진 강점과 단점, 자신이 가지지 못한 성향을 활용하는 법에 살펴봤다.

MBTI 성격유형검사 결과가 자신의 성격이나 강의 진행 형식과 100% 일치하지 않을 수는 있다. 다소 벗어나는 부분이 있더라도 MBTI 성격유형검사를 해보기를 권한다. 나에게 부족한 부분이 무엇인지, 나의 장점을 살려 강의 기획과 진행에서 무엇을 개발하면 좋은지 등을 스스로 생각해볼 수 있기 때문이다. 다음은 MBTI 16가지 성격 유형에 대한 특징을 간략히 적어두었다. 참고하기 바란다.

- MBTI 16가지 성격유형 특징

ISTJ 내향성, 감각형, 사고형, 판단형	ESTP 외향성, 감각형, 사고형, 인식형
조용하고 진지하며 책임감이 강하고 집중력이 뛰어나다.	능동적으로 일하며 호기심이 많고 관찰력이 뛰어나고 실용적이다.
ISFJ 내향성, 감각형, 감정형, 판단형	ESFP 외향성, 감각형, 감정형, 인식형
소속감이 강하고 근면하며 신중하고 현실적이다.	사람들과 잘 어울리고 솔직하며 현실적이고 낙천적이다.
INFJ 내향성, 직관형, 감정형, 판단형	ENFP 외향성, 직관형, 감정형, 인식형
점잖고 온화하며 성실하고 독창적이며 계획적이다.	멀리 내다보고 호기심이 많으며 문제해결력이 뛰어나다.
INTJ 내향성, 직관형, 사고형, 판단형	ENTP 외향성, 직관형, 사고형, 인식형
독창적이고 신념이 강하며 혁신적이고 지적이다.	유쾌하고 언변이 뛰어나며 눈치가 빠르고 개방적이다.
ISTP 내향성, 감각형, 사고형, 인식형	ESTJ 외향성, 감각형, 사고형, 판단형
독립적이고 자제력이 강하며 객관적이고 문제해결력이 뛰어나다.	논리적이고 분석적이다. 합리적이고 현실적이며 추진력이 뛰어나다.
ISFP 내향성, 감각형, 감정형, 인식형	ESFJ 외향성, 감각형, 감정형, 판단형
점잖고 감수성이 강하며 말이 없고 겸손하며 헌신적이다.	다정하고 동정심이 많으며 희생적이다. 사람을 소중히 여긴다.
INFP 내향성, 직관형, 감정형, 인식형	ENFJ 외향성, 직관형, 감정형, 판단형
감수성이 풍부하고 진실과 성실성을 중시하며 사려 깊다.	인간관계를 중시하고 열정적이며 상냥하고 온화화다.
INTP 내향성, 직관형, 사고형, 인식형	ENTJ 외향성, 직관형, 사고형, 판단형
논리적이고 분석적이며 자신감이 넘치고 도전적이다.	창의적이고 사교적이며 활력이 넘친다. 타고난 전략적 기획가다.

출처: 『성격을 읽는 법』 폴 D. 티저·바버라 배런 티저 지음, 강주헌 옮김, 더난출판사, 2016.

• 16가지 성격 유형을 대표하는 표현

ISTJ	ISFJ	INFJ	INTJ
책임감	헌신적	성실함	사고형
근면함	체계적	독창적	독창적
사실적	신중한	정직함	이론적
논리적	경험적	계획가	독립적
경험적	감수성	조직적	객관적
보수적	감각적	단호함	미래 지향적
체계적	조직적	헌신적	지적 호기심
ISTP	**ISFP**	**INFP**	**INTP**
독립적	감수성	진실함	내향적
논리적	겸손함	감수성	논리적
모험적	개인적	상상력	분석적
냉정함	헌신적	사색적	창의적
사실적	협동적	헌신적	독립적
실용주의적	현실 중심적	부러운	초연적
개인주의적	인정이 많은	내적인 조화	권력 지향적
ESTP	**ESFP**	**ENFP**	**ENTP**
능동적	사교적	열정적	사교적
호기심	현실적	낙천적	합리적
충동적	개방적	독창적	적응력
관찰력	이해심	이해심	협상가
감각적	솔직함	온정적	모험적
활동적	쾌활함	창의적	진취적
지발적	너그러운	활동적인	독립적인
ESTJ	**ESFJ**	**ENFJ**	**ENTJ**
논리적	동정심	열정적	리더형
분석적	전통적	외교적	논리적
리더형	성실함	온화함	결단력
계획형	실리적	독창적	창의적
성실함	조직적	조직적	조직적
현실 중시형	협동적	개인적	활동적
기획 입안자형	조화로운	인간관계 중시	강인함

출처: 『성격을 읽는 법』 폴 D. 티저·바버라 배런 티저 지음, 강주헌 옮김, 더난출판사, 2016.

자신의 성향을 알게 되었다면 다음 문항에 답해보고 앞으로 강사로서 어떤 부분을 살리고 어떤 부분을 개선해야 할지 적어보자.

1) 나의 강점과 장점은?

_____

_____

_____

_____

_____

_____

2) 그 강점과 장점을 살려 강의를 진행할 때 어떻게 하면 좋을까?

_____

_____

_____

_____

_____

_____

3) 나의 단점은?

_____

_____

_____

_____

_____

_____

4) 그 단점을 개선하고 강의를 진행할 때 어떻게 하면 좋을까?

_____

_____

_____

_____

_____

_____

5) 마지막으로 나의 강의에 임하는 자세, 다짐은?

_____

_____

_____

_____

_____

_____

언택트 시대, 위기를 기회로!

코로나19 이후 '언택트'라는 키워드가 급부상했다. 코로나19 이전에는 온라인 플랫폼을 활용해 수요자를 모아 자신의 콘텐츠로 활발히 강의할 수 있었다. 하지만 코로나19로 오프라인 강의 수요는 뚝 끊겼다.

어쩔 수 없는 상황에서 활발히 강의하던 과거만 곱씹으며 오프라인 강의가 다시 살아나는 날이 오기만을 기다리는 것은 그야말로 누워서 떨어지는 감만 바라보는 행위와 같다. 직업으로서 강사가 되고 싶거나 전문적인 콘텐츠가 있어서 강의를 하고자 한다면 온라인 강의에 집중하라고 권하고 싶다. 언택트 시대에 가속도가 붙었을 뿐 아니라 더 많은 사람에게 앎을 베풀 수 있는 데 최적이라고 생각하기 때문이다.

코로나 다음에 '시대'가 붙을 만큼 우리의 삶은 크게 달라졌고 계속 변화는 이어지고 있다. 코로나가 잠잠해지고 코로나 종식이 선언 된다 해도 또 다른 바이러스가 등장하지 않으리란 법이 없다. 온라인 강의에 집중해야 할 이유다.

비대면 사업에 관심을 갖고 미래지향적인 사업과 기업을 돕는 기업경영컨설팅 전문기업 ㈜골든버킷 김성현 대표의 컨설팅을 받아 나 역시 교육시장의 미래를 보고 준비해나가고 있다. 코로나19로 인해 더욱 가까이 다가온 VR시대를 맞아 어쩌면 온라인강의를 넘어 3D영상으로 강의를 준비해야 할지도 모른다. 이제 강사도 시대의 변화에 맞춰 변화가 필요하다.

온라인 강의 무대를 준비해야 함을 알지만 실행할 엄두를 내지 못했다면 이 책을 참고하여 당장 실행해보기를 바란다. 온라인 강의를 위한 기술을 익힌다고 해도 한 가지 사실은 잊지 말기를 바란다. 오프라인 강의이든 온라인 강의이든 강사의 기본은 강의력이라는 것을 말이다. 온택트 시대에 성공하는 강사, 언택트 시대에 더욱 많은 강의 의뢰를 받는 강사가 되기를 응원하면서 이만 글을 마친다.

예비 강사가 듣고 싶은 강의를 위해 항상 준비하고 노력하는
강사 김인희

**언택트 시대, 왜 그 강사만
강의 의뢰가 더 늘었을까**

초판 1쇄 인쇄 2020년 11월 7일
초판 1쇄 발행 2020년 11월 12일

지은이   김인희
편집인   서진
펴낸곳   이지퍼블리싱

책임편집   하진수

마케팅총괄   구본건
마케팅   김정현
영업   이동진
디자인   양은경

주소   경기도 파주시 광인사길 209, 202호
대표번호   031-946-0423
팩스   070-7589-0721
전자우편   edit@izipub.co.kr
출판신고   2018년 4월 23일 제 2018-000094 호

ISBN 979-11-90905-05-3 (03320)

• 이지퍼블리싱은 여러분의 소중한 원고를 언제나 성실히 검토합니다.
• 이 책에 실린 모든 내용은 저작권법에 따라 보호를 받는 저작물이므로 무단 전재와 무단 복
  제를 금합니다.
• 이 책 내용의 전부 또는 일부를 사용하려면 반드시 출판사의 동의를 받아야 합니다.
• 잘못된 책은 구입처에서 교환해 드립니다.
• 책값은 뒷면에 있습니다.